地方高校教师工作投入的关系研究

DIFANG GAOXIAO JIAOSHI GONGZUO TOURU DE GUANXI YANJIU

潘园园◎著

中国纺织出版社有限公司

图书在版编目（CIP）数据

地方高校教师工作投入的关系研究／潘园园著．--
北京：中国纺织出版社有限公司，2023.11
ISBN 978-7-5229-1031-4

Ⅰ．①地…　Ⅱ．①潘…　Ⅲ．①地方高校—教师—教育工作—研究—中国　Ⅳ．①G645.12

中国国家版本馆 CIP 数据核字（2023）第 178305 号

责任编辑：毕仕林　国　帅　　责任校对：江思飞
责任印制：王艳丽

中国纺织出版社有限公司出版发行
地址：北京市朝阳区百子湾东里 A407 号楼　邮政编码：100124
销售电话：010—67004422　传真：010—87155801
http://www.c-textilep.com
中国纺织出版社天猫旗舰店
官方微博 http://weibo.com/2119887771
三河市宏盛印务有限公司印刷　各地新华书店经销
2023 年 11 月第 1 版第 1 次印刷
开本：710×1000　1/16　印张：11.5
字数：162 千字　定价：98.00 元

前　言

工作投入是指个人对自己所承担的工作具有强烈的认同感，在工作中能够全身心地投入，表现出努力专注、情绪饱满、乐于奉献的精神状态。投入的发展其实是一个渐变的过程。首先，个体需要对某项任务或者事情感兴趣，认为从事此项任务或事情会有一定价值，从内心会产生一种认同感；其次，个体在工作过程中需要全身心地投入，注意力高度集中，很少受到周围环境的打扰，感觉时间过得很快，不愿意从中脱离出来；最后，个体在此项任务或事情中获得一定成就和满足时，会继续以饱满的热情从事该项工作。

工作投入研究成果大部分用于管理学领域，随着研究的逐渐深入和扩展，已经由管理学领域扩展至医学、教育学等领域。本书探讨的是在教育学领域，学校教师（包括从事教学的专任教师和从事管理岗位的行政职员）工作投入的研究。如今，随着高等教育规模的扩大，高等教育的内涵、标准、作用等都会产生一系列实质性变化，高等教育在教育理念、教育形势、教育目标等方面也迎来了前所未有的改革。而改革的关键在人，高校的改革与发展离不开教师，教师只有热爱自己的本职工作，在教学或者管理中钻研投入，以饱满的情绪投入工作，才能提高学校的核心竞争力。因此，对教师工作投入的研究，是国家教育改革发展的需要，也扩充了学术领域研究范围，体现了当今高等教育转型时期对教师职业生存的关注。

影响教师工作投入的因素有很多，大体可分为个体因素和组织因素两个层面。个体因素大多涉及一些个人因素，如性别、人格特征、工作满意度、幸福感、职业倦怠、自我效能感等；组织因素大致有组织氛围、校长领导力、组织承诺、组织支持等。探讨高校教师的工作投入，应该同时考虑这两个因素，从个人因素和学校组织因素两方面入手，才能更全面地了解其影响关系。

本书主要探讨教师工作投入的影响因素及相互关系研究。以组织层面的学校组织氛围、组织支持感，个体层面的教师自我效能感入手，在充分梳理相关概念的基础上，以学校组织氛围、组织支持感做自变量，以自我效能感做中介变量，以教师工作投入做因变量，分析各变量之间的构造性关系。根据先前研究基础，分别制作各个变量的调查问卷，对吉林省高校教师发放问卷，并进行数据分析。结果发现，学校组织氛围、组织支持感、自我效能感均对教师工作投入有正向影响关系，因此从此三个方面对高校提出相应的改善建议，以期对地方高校建设高素质教师队伍、提高教育教学质量、增强核心竞争力提供借鉴。

本书的创作与出版得益于通化师范学院的大力支持，对此表示衷心感谢！在撰写的过程中，作者参考了大量国内外学者的研究成果，在此对本书所借鉴的参考文献的作者，以及在写作中提供指导和帮助的老师、同事致以由衷的祝福和感谢！由于作者研究水平有限，书中所表述的内容或有不足之处，在此恳请广大读者谅解，并且希望广大读者批评指正，以便进一步修改完善。

潘园园

2023 年 8 月

目　　录

第1章　绪论

1.1　研究的必要性和目的

随着我国教育改革的发展，地方高校的办学水平和人才培养质量得以显著提升。当前，随着我国社会、经济与科技等领域的快速发展，地方高校在其自身发展和教育教学等方面都面临着新的任务与使命，如何更科学、合理、有效地提升地方高校的学校管理水平、增强其教师队伍素质、提高其教育教学水平，促进地方高校教育教学更积极、健康和高质量发展，已经成为社会各界广泛关注的焦点。

中华人民共和国成立后，随着国家对教育的大力推进，逐渐实现初中等教育的普及。与此同时，国家为推动社会、经济与科技等领域快速发展，对高层级人才的需求大大增加，因此接受地方高校教育的人群数量急剧增长，为了满足高质量人才培养需求，增加国民接受地方高校教育的比例，国家加大力度鼓励地方高校扩展招生，地方高校的教育规模也因此逐步扩大。虽然近年来地方高校的办学条件逐步改进，教学水平逐步提升，其教育发展从总体上看是进步的，也是值得肯定的。但是因为地方高校扩招速度过快，出现教育资源数量的增长远远低于学生数量的增长，学生的教育资源占有率开始下降的现象，尤其是教师数量不足、负担过重，加上管理力量分散、管理水平不高，导致一部分学校的人才培养质量开始下降（潘懋元，2007）。地方高校教育的办学条件、教学资源和教师数量的发展跟不上学生数量的增长，肯定会造成地方高校教学质量下降、毕业生质量低的情况（李荣生，杨福生，2012）。

对此，国家于2010年7月颁布了《国家中长期教育改革和发展规划纲要（2010—2020年）》，其中第十八条明确提出“全面提高高等教育质量……到2020年，高等教育结构更加合理，特色更加鲜明，人才培养、科学研究和社会服务整体水平全面提升，建成一批国际知名、有特色、高水平的高等院校，若干所大学达到或接近世界一流大学水平，高等教育国际竞争力显著增强。”第十九条明确提出要“提高人才培养质量。牢固确立人才培养在高校工作中的中心地位，着力培养信念执着、品德优良、知识丰富、本领过硬的高素质专门人才和拔尖创新人才。加大教学投入。”

由此可见，我国地方高校教育的发展趋势已经由“量”的扩充演变为“质”的保障，已经从外延式的跨越式发展进展为注重质量、成果和创新的内涵式发展，这是我国地方高校教育自1999年扩招以来的重大转折（赵德乔，2018）。地方高校教育的人才培养理念已经变为注重质量的内涵式发展，那么保障教育质量就成为当今地方高校所面对的紧急的、极具挑战的任务，而地方高校教师则承担了保障地方高校教育质量的重要职责。

随着地方高校的扩招，学生人数的增加，地方高校教师无形中增加了许多压力。根据教育部2019年的统计数据来看，2019年全国普通地方高校本科院校教职工人数共有1866619人，其中专任教师共有1225310人，承担行政职务的教师共有641309人，而在校学生人数达到30315262人。从数据来看，无论对于专任教师还是对于行政人员来说，学生的培养和管理工作都是很大的挑战。地方高校教师肩负着学生健康成长指导者和引路人的重要使命和责任，其工作投入程度影响着地方高校教育人才培养、科学研究、社会服务、文化传承与创新质量（赵巾伟，2020）。

地方高校教师工作的重要性不言而喻，但如今，许多地方高校的内部管理体制日益显得滞后和被动，机构繁杂、层级过多、管理方式方法不科学；服务意识不强，民主气氛不够，官本位意识严重；管理的规章制度陈旧落后、不完善等问题，导致地方高校内部管理效率低下（郝栋，2009）。

身处如此管理体制下的地方高校教师出现了不满、抱怨情绪，因此，关注地方高校教师的工作情绪和状态就成为保证地方高校教育质量的重要环节。

工作投入是一种以活力、奉献和专注为特征的，与工作相关的积极、饱满的情绪与认知状态（卢长娥、杜学元，2012）。表现在工作情境中，受到愈多肯定时，个体就会越投入工作。工作投入主要关注个体对其工作积极主动的态度，在工作中表现出乐观、投入、情绪高涨、发挥想象力和创造力等积极品质，在此基础上，能够促进个体自我发展，进而推动组织更好地发展。因此，无论任何性质的组织，都需要其组织成员对待工作能够全身心地投入。作为一个比较特殊的组织，地方高校不仅是培养高层次人才、核心人才的重要基地，同时还承担着通过科学研究、社会服务及文化引领促进国家和社会发展的重任。

地方高校核心竞争力和实力提升的根本在于其教育教学质量的提升，而教育教学质量提升的关键在于教师。地方高校要想从根本上提升教育教学质量，不仅要注重教师队伍的整体素质和学校的师资力量，更重要的是要关注教师的工作态度和积极性。对学校而言，教师如果在工作中缺乏积极投入、探索、奉献和创新的态度和素质，对于学校教育教学改革和人才培养质量提升将会有很大影响，也不利于学校的长远发展；对教师个人来说，无论从专业素养、科学研究能力，还是从对个人长远发展来看也都会产生不小的影响。因此，教师的工作投入无论对学校抑或是对个人，都有至关重要的作用。

对于地方高校教师工作投入的影响因素，目前学术界的研究大致可划分为个体因素和组织因素（徐冬冬，2015）。个体因素大多涉及一些个人因素，如性别、人格特征、工作满意度、幸福感、职业倦怠感、自我效能感等；组织因素大致有组织氛围、校长领导力、组织承诺、组织支持等。在探讨地方高校教师工作投入时，我们应该同时把握这两个因素，从教职员工个人因素和学校组织因素两方面入手，才能更全面地了解其影响关系。

从组织层面来说，地方高校教师作为学校组织的组成人员，对其工作投入的研究，离不开他们之间形成的工作关系，学校的组织氛围恰好度能够很好地反映学校内部工作关系的重要维度，并且从目前国内外的相关研究来看，学校的组织氛围会直接或间接地影响教师的工作投入度。开放、良好的组织氛围会促进学校教职员工对其工作目标的达成，促使其更高效地完成本职工作，还会使教职员工工作心情得以放松，降低其离职率和职业倦怠感，也会提高教职员工的工作投入度和心理健康水平（马云献，2005）。并且员工的努力程度与组织气氛存在密切关系（Steven 等，1996）。由此可以看出，组织氛围对于教职员工的工作投入具有重要的影响。

组织层面影响学校教职员工工作投入度的另一个重要因素是组织支持感。生活中，当我们的想法或者行为得到家庭的支持时，我们也会信心倍增，更加努力。这种支持感在工作中同样适用。工作中，当教职员工感知到学校对其工作的支持时，从内心会感受到对学校的认可，会更加积极主动地投入工作中，工作态度和工作热情会有很大提升。

所以学校对教师在工作方面的支持、对生活及心理方面的关心等都显得非常重要。让教师感知到比较高的组织支持感，不仅会让教师有更积极的工作态度和热情，也会减轻其精神压力，进而加大工作投入、提高工作效率。因此本研究在影响教师组织因素的层面上选择了学校组织氛围、组织支持感两个影响因素。

从个体层面来说，自我效能感是个人对自身专业素质和工作能力的一种信念。Bandura（1989）提出，自我效能感是指个体对自己是否有能力完成某一行为所进行的推测和判断。推测是对结果的推测（结果预期），判断是对能力的判断（效能预期）。效能预期越强烈，所采取的行为就越积极，努力程度就越持久，同时情绪状态也是积极的（朱梅，2019）。将这种预期运用到工作中，就是对工作的投入，预期越强烈，工作投入越高。Llorens S 等（2007）也认为，自我效能感可能是工作投入的重要决定因素，即员工自我效能感对其工作投入有直接或间接的影响。

近年来，对于地方高校教师，不少学者致力于研究教师的专业发展和教学改革问题，对教师工作投入的研究大多局限于教师教学方面，而地方高校教师的工作不仅与教学相关，还与所在单位的组织氛围、组织支持息息相关，这应该成为我们需要关注的一个问题。

综合上述分析，地方高校教师的工作投入，从宏观层面看，关系到学校的管理水平和人才培养质量，学校的长远、深层次发展，以及地方高校教育改革和高质量发展；从微观层面看，关系到个人的心理健康水平及个人的工作绩效，关系到个人的长远发展。因此，如何创造开放、良好的组织氛围、提升教职员工组织支持感、让教师从个人角度增强自我效能感，进而提高学校教职员工的工作投入度，以提升学校教育教学质量，提高其管理水平，增强学校核心竞争力，这是本研究的必要之处。

本研究的目的是阐明组织氛围、组织支持感、自我效能感与工作投入的构造性关系。仔细观察学校组织氛围和组织支持感对工作投入的影响关系，在二者的关系中探讨自我效能感的中介效果。在此基础上，结合我国教育发展现状，根据研究结果深入分析其中的原因以及给予的启示，进而为了提高教师工作投入，从学校组织层面和教师个人层面，提出改善意见和方案，为地方高校管理和教师队伍建设提供参考。

本研究通过阐述四个变量之间的构造性关系，可为相关的学术研究提供很好的补充，同时也为加强地方高校教师管理，提升其管理水平提供参考和借鉴，具有一定的理论和现实意义。

第一，丰富和发展相关研究理论。本研究回顾国内外组织氛围、组织支持感、自我效能感及工作投入关系相关研究，并对地方高校环境下四个变量的相关理论进行定义和说明，同时将四个变量理论相结合，研究组织氛围、组织支持感对工作投入的影响，并考虑自我效能感的中介作用，以丰富各变量在地方高校教育领域研究中的相关理论，具有一定的理论意义。

第二，研究学校组织和教师的关系，不仅丰富了相关理论研究，更重要的是通过理论研究，为学校对教师的管理实践提供一定指导和借鉴。具体地说，首先，有利于地方高校加强其管理实践的认识。本研究通过问卷调查的方式，对吉林省本科地方高校组织氛围、组织支持感、自我效能感和工作投入的真实情况有了一定了解。其次，有利于学校形成开放性的组织氛围。在开放性的组织氛围中，校长及管理者会加大对教师工作的支持力度，减少对教师的指示，教师之间互相沟通和帮助，工作氛围轻松愉快且有利于教职员工提高其工作效率。再次，有利于学校管理者重视教师自我效能感。自我效能感是个体对是否能够完成某一行为能力的判断和预测，对自身行为方式和行为态度有重要影响作用。学校管理者认识到教师自我效能感的重要性，会为教师工作和发展提供更好的服务和支持，进而促进教师为学校的改革与发展贡献力量。最后，有利于学校加大对教职员工的工作支持。教职员工感知到较强的工作支持，可以在工作中投入更饱满的情绪状态，工作会更积极、努力，作为学校要从教职员工的职位晋升、薪资待遇、学习培训、个人生活等方面给予支持，让他们感受到学校对其重视与支持。

本研究可以帮助吉林省本科地方高校认识到组织氛围、组织支持感在提高教师工作投入方面的重要性，思考如何通过营造开放的组织氛围、为教师提供有效的支持及发挥自我效能感的作用来提升教师工作投入度，进而提升他们的工作效率和学校整体的管理水平和教育教学质量，提高学校核心竞争力。

1.2 研究问题的提出

目前学术界对于地方高校教职员工的工作投入研究，大多单纯以专任教师为研究对象，或者单纯以行政人员为研究对象，研究范围分为幼儿园、小学、初中、高中、地方高校等阶段，而研究的变量关系多是对工作投入的单向研究，例如组织氛围对工作投入的影响研究，或组织支持感对工作投入的影响研究等，或者两个研究变量的组合对工作投入的影响研究。但是，在地方高校组织中，保证地方高校正常、平稳地运行发展，不仅依靠专任教师，还要依靠行政人员，因此本研究面向地方高校专任教师和行政人员两个主体；在研究的变量关系上，本研究设定的独立变因是组织氛围、组织支持感，中介变因是自我效能感，从属变因是工作投入，研究的目的是分析组织氛围、组织支持感、自我效能感、工作投入之间的构造性关系。为达到此研究目的，本研究共设定以下研究问题。

①目前吉林省本科地方高校组织氛围、组织支持感、自我效能感、工作投入的总体状况是怎样的？

②组织氛围、组织支持感、自我效能感、工作投入之间的构造关系是怎样的？

③组织氛围对工作投入的直接影响效果是怎样的？组织支持感对工作投入的直接影响效果是怎样的？组织氛围对工作投入、组织支持感对工作投入通过自我效能感为中介的间接影响效果是怎样的？

④对于组织氛围、组织支持感、自我效能感、工作投入的认识，根据教师的背景变因（性别、年龄、学校性质、教龄、学历、工作性质）等特点是否有差异？

1.3　用语的定义

1.3.1　组织氛围

Tagiuri（1968）认为组织氛围（organizational climate）是关于一个组织内部环境的相对持久的特性。因本研究的研究范围是吉林省本科地方高校，因此本研究从学校组织氛围界定。学校组织氛围是指一所学校区别于其他学校的，能被教职员工感知到并能对教职员工产生影响的，相对稳定的学校环境特征。

本研究依据 Kottkamp 等于 1987 年提出的观点，将组织氛围分成校长行为方面的支持行为（supportive behavior）和指示行为（directive behavior）；教师行为方面的投入行为（engaged behavior）、挫折行为（frustrated behavior）、亲密行为（intimate behavior）等 5 个下位要素。通过设计吉林省本科地方高校调查问卷以测量整体学校组织氛围的开放程度。其公式如下：

开放指数=（支持+投入）的分数-（指示+挫折）的分数

学校组织氛围开放指数总分越高，表示整体学校组织氛围越开放；开放指数总分越低，表示学校组织氛围越封闭。

1.3.2 组织支持感

Eisenberger（1986）率先提出了组织支持感（perceived organizational support）这一概念，并将其定义为：员工对于组织重视自己的贡献和关注其幸福感的全面看法。本研究从地方高校角度定义，指高校教师对高校这个特定组织对他们的利益、工作环境、工作任务的关心程度的感知。

本研究以张少芳（2019）的研究出基础，将工作支持、价值认同和关心利益作为测量维度。

1.3.3 自我效能感

自我效能感（perceived self-efficacy）由美国心理学家 Bandura（1977）提出，定义为一个人在特定情境下，个体对于自己能够成功完成某项任务的能力的判断。本研究以地方高校教职员工为研究对象，是指在地方高校环境里，教职员工在工作中面对工作任务和要求时，对自身能够有效地完成工作、达到工作目标的一种个人能力的信念。

本研究以（이현정，1998；박학서，2017）研究为基础，将自信感、自我调节效能感、工作难易度喜好作为测量维度。

1.3.4　工作投入

Kahn 在 1990 年最早提出工作投入（job-engagement）这一概念，他认为工作投入就是个人能将自我表达与工作角色结合起来，全身心投入工作角色中。在本研究中，工作投入是指地方高校教职员工对自己承担的工作具有强烈认同感，在工作中表现积极且投入，并且愿意为工作付出最大的努力。

本研究采用的是 2002 年由 Schaufeli 等编制，2005 年由国内学者张轶文和甘怡群修订的量表（Utrecht Work Engagement Scale，UWES），包括活力、奉献和专注 3 个维度。

第 2 章　理论性背景

2.1　组织氛围

2.1.1　组织氛围的概念

组织氛围在组织的发展中具有重要的作用，良好开放的组织氛围不仅可以增强组织内部员工之间的情感交流，提高他们的工作士气，而且可以影响员工工作的积极性，有助于实现组织目标。组织氛围概念的形成有一个发展演变的过程。组织氛围最早出现于 Tomas（1926）提出的有关环境方面的“认知地图”概念，即个体为了强化对周围环境的理解而形成的一种内部感知图示。这种图示表达了个体的心理环境。1930 年，Kert Levin 在此基础上提出了团体氛围（group climate）的概念，具体是指个体在组织内部形成的共同直觉或个体对内部环境认知的相同或相似部分，并于 1935 年在拓展研究中提出了心理氛围的概念。随后，Lewin 在 1938 年提出了组织气氛的概念。他认为组织气氛是个体对组织环境共同的知觉和体验，这种知觉和体验对个体动机及行为有着决定性的影响，并且当环境变换时，对个体产生的刺激有所不同，个体的知觉和体验也会随之发生变化。在他看来，人类的动机和行为是受其所处的环境影响，并且随着环境的改变，个体的行为也会跟随改变，二者之间存在一定的影响关系。

在 Lewin 对组织氛围的研究之后，越来越多的学者关注到组织氛围，对组织氛围的研究也随之增多，不同的研究者对组织氛围的理解也不同，以下是国内外学者对组织氛围研究的一些代表性观点。Forehand 等

（1964）认为，组织气氛是能够描述组织环境属性的一组特征，该特征具有某种程度的持久性，可以用来区分出组织与组织之间的不同，并且能影响组织成员的行为（王艳，2010）。从 Forehand 等的定义来看，组织气氛具有 3 个特点：一是可以区分不同组织的不同特征；二是具有特定的持久性；三是对组织成员的行为具有影响作用。Litwin、Stringer（1968）认为，组织气氛是描述组织环境主观性质的一种概念，是组织成员对其内部环境的一种直接或间接的感知，组织气氛可以让成员感受到组织文化、价值、理念等，并且成员个体的行为和动机都无形地受此影响。

Tagiuri（1968）认为，组织气氛是能被组织中个体体验到的内部环境的特质，这种特质具有相当持久性，且个体的行为受这种特质的影响，他认为组织气氛是众多可实际测量的工作环境特征和属性的集合。Stern（1970）认为，组织气氛是一种社会力量或压力，会对个人的行为产生影响。Campbell（1971）认为，组织氛围是经过环境与成员之间相互作用后产生的一系列组织层面的特征和属性。Silver（1983）认为，组织气氛是一个组织的独特风格，每个组织均有不同于其他组织的特性。他认为组织气氛具有 2 个特点：一是反映组织成员感受整体组织环境的知觉且组织成员对组织有共同的认知；二是对组织成员的动机和行为产生一定影响。James（1989）提出，组织气氛是复杂且多维的概念，是组织成员对组织整体的评价，既有全局感知，又有特定维度。整体如组织架构、组织文化等，细分如创新气氛、友好气氛等。Glisson、James（2002）认为，组织氛围通常反映员工对工作环境的重要性和意义的感知，这种感知是可量化的，并对组织和个人的未来进行预测。

国内学者对于组织氛围的理解和定义也有不同看法。许士军（1972）认为组织氛围是员工内心对组织内部整体环境的一个主观感知，这种感知对企业内员工个体的行为和动机有一定影响。李金平（2006）提出，组织气氛表达出组织特有的风格和模式，具有一定的持久性，他也认为组织气氛是可以测量的，并能对组织成员态度及行为产生影响。许明仁（2006）

认为，组织气氛是由组织属性与个人属性交互作用形成的，并可通过主观知觉加以衡量。曹玮莹（2013）认为，组织气氛是组织中成员彼此互动下产生的持久特性，此特性可以为成员所感知，进而通过描述和测量得知，并将影响组织成员的行为。段锦云、王娟娟等（2014）认为，组织氛围是组织内部成员之间、各成员与其所处的环境之间互相影响所形成的。它的形成和发展并不完全由某一单独个体或者环境所决定，而是当组织内部成员所感受的内在感知趋于一致时，便发展成为组织氛围。何亚天、王文曼（2018）认为，组织氛围是能被员工感知到的几种氛围的综合。王德晓（2018）提出组织氛围是存在于组织内、可以观察或测量的，且稳定存在的一种组织特征。章慧敏（2019）认为，组织氛围是区别于其他组织的特有的稳定特性，是组织成员可以感知的，并且主要以组织成员的主观知觉来衡量。同时，组织氛围能够影响内部员工的工作动机和行为。闫思洁（2020）认为，组织氛围是在个体与组织和其他组织成员不断的互动中形成的，反映了个体对工作环境和关系到自身利益事件的主观心理感受，并能对个体的行为和态度产生一定影响的一种组织特征。

从先行研究中可以看出，不同研究者对组织氛围的定义，虽然角度不同，理解不一，但是从整体看，都认为组织氛围是组织成员内部与其所处的环境之间互相影响、互相作用的结果。综合上述有关组织氛围概念定义的整理，对于组织氛围的理解大致集中在 3 个方面，一是个体角度，这个角度以组织成员个体感知为视角，反映了成员对组织内部环境的主观感知，是一种心理环境气氛的归纳与综合；二是群体角度，这个角度下的组织氛围传达着组织内部员工群体对组织环境所产生的共性的感知，且这种群体认知会反过来影响个体行为；三是组织角度，在这个角度下，组织氛围表达着组织成员感知组织的认知集合，是客观且真实存在于组织成员周围的一种工作环境（贾殷，2018）。

综合上述不同学者的观点，对组织氛围的定义可以总结出以下几个重点：组织氛围具有独特性和持久性；组织氛围是组织内部成员间相互作用下的产物；组织氛围能够被组织成员感知和体验，进而能够被描述和测量；组织氛围会影响组织成员个体的动机和行为。综合以上组织氛围的定义，本研究认为组织氛围是组织内部成员间不断互动形成的独特的组织特性，能够被组织内部成员所感知，并且具有相对稳定性，可以被描述和测量，对组织成员的工作态度和动机有一定的影响作用。

以管理学领域的组织氛围研究为基础，研究者将研究范围扩展到教育领域的学校组织氛围。最早将组织氛围引入学校组织的是 Halpin、Croft。Halpin、Croft（1966）认为，学校组织氛围是校长和教师相互影响所形成的特性，是校长与教师以及教师与教师相互作用的结果，可形成每个学校的特殊气氛。他们用拟人化的比喻来帮助我们理解学校组织氛围，将学校比喻成一个人，而学校组织氛围则是一个人的人格，这二者是相辅相成的。而不同的学校会给人不同的感觉，这种特殊的感觉就是该所学校独特的组织氛围。

将学校组织氛围比喻成人格，这是一种相对模糊的说法，因此，对于学校组织氛围没有一个明确的概念，不同的研究学者基于自己的理解，做出了不同的解释。Hoy、Miskel（1982）认为，学校组织气氛是教师对于学校一般工作环境的知觉，它受正式组织、非正式组织、成员的人格及组织领导影响，是一种学校不同于其他学校的内在特性，并影响学校成员的行为。Hoy、Clover（1986）认为，学校组织气氛是一种组织内在环境较为持久的特性，通过校长和教师行为的相互作用形成影响成员的态度和行为，并可以通过全体教师的知觉加以描述。Hoy、Miskel（2001）认为，学校组织气氛是代表学校整体氛围的一个概念，教师和行政管理者通过亲身体验，对日常事务达成共享的知觉，该种知觉影响他们在学校的态度和行为表现。

国内学者对于学校组织氛围也有不同的理解。曹艳琼（2002）认为，学校组织氛围是在学校内部组织环境中，校长与教师的行为相互作用和影响所产生的一种内在持久性的特质，这种特质能够影响学校成员的行为，并可通过学校成员的知觉加以描述和测量。徐洋宁（2011）、蔡群青（2020）都在其研究中采用了这种观点。许明仁（2006）认为，学校组织气氛是学校组织内部相当持久的一种特质或独特风格，这种特质或风格是由组织成员交互反应构成的，不仅能被组织成员感受到，而且能够影响组织成员的行为。余益兵（2006）结合诸多定义总结了学校组织氛围的内涵，认为学校组织氛围属于学校的个性方面，是一所学校的独特属性；学校组织氛围是通过学校情境下成员之间的互动过程实现的，并且可以被感知；社会互动的质量是学校组织氛围形成的核心要素。李希贵（2011）在其研究中也认同此观点。潘孝富（2007）认为，学校组织气氛指一所学校区别于另一所学校并影响其组织成员行为的一系列持久的内部心理特征。具体包括以下内容：学校组织气氛是学校组织成员对其工作环境的知觉及描述；这种知觉为成员共享，并通过个体认知相互磨合而上升为集体知觉意识；这种知觉意识或心理特征影响组织成员行为，学校组织气氛有不同的分析层面，具有多维性；基于特定层面，学校组织气氛能被组织成员描述或测量。郑莉君、戈姚娇（2009）把学校组织气氛定义为，一个学校组织中的各成员（学生、教师、行政管理人员、后勤服务人员等）努力协调和认知学校系统中组织与个人的各个方面（包括物质环境、人际关系以及共同的价值观念、组织目标和行为标准等）的产物，并在心理层面上进行抽象化而形成的有别于其他学校的比较稳定的特性。曹玮莹（2013）认为，学校组织气氛是校内成员与环境相互作用，学校内部所孕育出的一种具有持久性与独特性的特质，其特质以组织整体方式呈现，能为组织成员所知觉，同时得以被描述与测量。张严（2014）认为，学校组织氛围是在学校环境中，校长的管理行为与教师行为之间产生互动，其相互影响所形成的独特且持久稳定的特性。这种特性在学校的管理者、校长与教师之间，教师彼此之间的行为互动里体现，而且可以被描述和测量。徐朝阳（2018）在其研究中认同 Hoy、Miskel（1982）的观点，在此基础上，结合他所研究的农村中小学组织氛围，认为学校组织氛围是教师对一般工作环境的知觉，受正式组织、非正式组织、成员的人格和组织领导的影响，特别是受直接领导校长、学校所在地的中心校和乡政府的影响，这种影响反过来会影响教师的行为。王涵（2019）认为，学校组织氛围是一所学校区别于其他学校的，能被组织成员感知到并对组织成员产生影响的，相对稳定的学校环境特征。王姝雯（2020）认为，学校组织氛围是学校成员对学校整体环境的感知，它具有持久而稳定的特征，这种感知会对成员的认知和行为产生影响。

综合上述关于学校组织氛围的定义，因为通过个体感知角度更能反映组织成员的主观体验，与本研究的研究方向更为契合，结合本研究的研究对象特点，将学校组织氛围定义为在学校组织内部环境中，教职员工个体与学校组织不断互动形成的、教职员工对关乎自身发展的工作环境的心理影响的共同感知，这种感知对个体行为有一定的引导性，同时可通过学校成员的知觉加以描述和测量。

2.1.2 组织氛围的测量维度

Halpin（1962）对于组织氛围有过这样一个比喻：人格之于个体，犹如组织氛围之于组织。由此可以看出，Halpin 认为组织氛围像人格一样有其自身的结构和测量维度，且在一定范畴内会有某些测量维度结构相通。但由于研究的复杂性和多样性，加之不同的文化背景，有关组织氛围的测量维度的确定和划分也存在一定的差异性。本研究综合整理有关组织氛围层面的先行研究，按照构成层面划分的数量多少做出以下归纳。

（1）组织氛围二层面。王端旭（2011）将组织氛围分为支持性和控制性 2 个层面。支持性组织氛围是指组织鼓励各部门自由而公开地交流信息、支持员工的新观点，管理人员关注下属需求，能够及时提供各种必要的资源，员工对自己的工作有自主性，同事之间相互帮助。反之就是控制性组织氛围。

（2）组织氛围三层面。Wallach（1983）将组织氛围划分为 3 个层面，分别是组织支持感知、结构的科层性和工作的创新性。张震等（2002）对组织气氛与员工参与进行了研究，他们将组织气氛划分为机构科层性、组织对员工的支持性和创新性。Bock（2005）从不同类型进行划分，具体将其分为公平氛围、创新氛围、友好关系氛围 3 个层面。陈维政、李金平（2006）将组织氛围分为组织科层性、人际关系、管理风格 3 个层面。邓硕宁、张进辅（2007）在组织气氛的结构层面与类型的研究中，通过对先行组织氛围层面划分的整理，将组织氛围概括为情感温暖、个人发展和管理制度 3 个层面。方梦凯（2011）在组织氛围对公务员工作关系的研究中，对组织氛围的划分维度与邓硕宁等相同。刘晶（2013）将组织氛围分为管理风格、人际关系、组织科层性 3 个层面。孙永磊、雷培莉（2018）将组织氛围划分为学习型、计划型和创新型，并通过实证研究证实了层面划分的可行性。章慧敏（2019）对于组织氛围的划分维度与刘晶相同。

（3）组织氛围四层面。Tagiuri（1968）认为，组织氛围反映着一个组织总的环境特征并通过环境四层面因素相互作用。四层面包括：生态学层面，指组织物质层面的资源；环境背景层面，指组织中成员所具有的背景因素；社会系统层面，指组织中正式与非正式角色的影响及彼此作用；文化维度层面，指一系列价值观及文化认知等。Campbell（1970）对已有的关于气氛的量表进行整合与归纳，总结出以下 4 个核心层面：个体决定权，指组织成员具有自主权的程度；工作规划，指组织对成员工作目标方法设置的清晰程度；奖励制度，指组织对成员的培养提升及奖励的公平合理程度；友好感知，指组织对成员生活的关心帮助，以及成员间相处融洽的程度。张瑞春（1998）对组织氛围进行实证研究，将其划分成领导类型、权责结构、制度规划和人际关系 4 个层面。蒋景清（2002）将组织氛围分为领导形态、形式结构、人际关系和责任风险 4 个层面。王仙雅等（2014）依据 Bock 开发的层面，结合中国情境开发出信任氛围、沟通氛围、公平氛围和情绪氛围 4 个层面。

（4）组织氛围五层面。Koperlmen（1990）在先行四核心层面研究的基础上发展了 5 个核心因素来阐释组织氛围的层面：目标性，指成员的任务完成度及所取得的成就被组织重视；方法性，指成员在完成目标中所运用的方法和策略被组织重视；奖励性，指员工所接收到的组织对其的培养支持提升等奖励的公平合理程度；支持性，指成员在工作中所受到的组织对其的支持和帮助程度；情绪关怀性，指成员的工作生活被组织的关心程度，以及成员之间友好相处、互帮互助的程度。谢荷锋、马庆国（2007）将组织氛围具体划分为公平氛围、人际关系氛围、创新氛围、支持氛围和身份认同氛围，并对员工的非正式知识分享进行了实证研究。游小芳（2008）通过对国内企业员工的调查，探索了在国内文化背景下，企业的组织氛围可以划分为管理风格、人际关系、工作结构、工作报酬和个人自主性 5 个层面。马占杰（2012）将组织氛围分为 5 个层面，分别是科层次、支持性、竞争性、公平性及人际沟通。

（5）组织氛围六层面。Schneider 等（1965）在制作组织气氛问卷过程中，提出了关于组织气氛的 6 个层面，其中包括工作支持、管理结构、关怀新员工计划、组织内冲突、部门独立和普通满足。Hart（1996）提出有关组织气氛的 6 个层面：表扬和认同、目的同向性、角色明确、管理者支持、参与决策和职业生涯发展。Stringer（2002）提出 6 个更明确的层面来解释组织气氛，分别是结构、支持、责任、认识、标准和承诺。

（6）组织氛围八层面及多层面。Halpin（1963）提出组织中的气氛是管理者与其下属间做出的行动及行为有所关联并在双向影响下产生的，所以他把组织气氛划分为 8 个层面，包括间疏、成就支持、以身作则、人际间隙、关心、阻力、工作态度以及亲密。Litwin（1968）对组织气氛的层面划分进一步更新，分别是构架、责任、矛盾、温度、支持、标准、认同、风险和奖励 9 个层面。任金刚（1996）在研究组织氛围时，通过测量分析将组织氛围分为领导、规章、发展、沟通、升迁、考核、薪酬和福利8个层面。朱瑜（2004）在后期研究中将组织气氛划分为8个层面，包括工作架构、工作自立、关怀温度、优劣区分、工作方向、奖酬标准、管理时效、人际标准。在这个维度研究中，体现出特有的中国传统文化因素即人际关系（贾殷，2018）。

在先行研究中对组织氛围的测量维度进行简要总结，如表2-1所示。

表 2-1 组织氛围的测量维度

层面分类	研究者（年份）	组织氛围的测量维度
二层面	王端旭（2011）	支持性和控制性
三层面	Wallach（1983）	组织支持感知、结构的科层性和工作的创新性
	张震等（2002）	机构科层性、组织对员工的支持性和创新性
	Bock（2005）	公平氛围、创新氛围、友好关系氛围
	陈维政，李金平（2006）	组织科层性、人际关系、管理风格
	邓硕宁，张进辅（2007） 方梦凯（2011）	情感温暖、个人发展和管理制度
	刘晶（2013） 章慧敏（2019）	管理风格、人际关系、组织科层性
	孙永磊，雷培莉（2018）	学习型、计划型和创新型
四层面	Tagiuri（1968）	生态学、环境背景、社会系统、文化维度
	Campbell（1970）	个体决定权、工作规划、奖励制度、友好感知
	张瑞春（1998）	领导类型、权责结构、制度规划和人际关系
	蒋景清（2002）	领导形态、形式结构、人际关系和责任风险
	王仙雅等（2014）	信任氛围、沟通氛围、公平氛围和情绪氛围

续表

层面分类	研究者（年份）	组织氛围的测量维度
五层面	Koperlmen（1990）	目标性、方法性、奖励性、支持性、情绪关怀性
	谢荷锋，马庆国（2007）	公平氛围、人际关系氛围、创新氛围、支持氛围和身份认同氛围
	游小芳（2008）	管理风格、人际关系、工作结构、工作报酬和个人自主性
	马占杰（2012）	科层次、支持性、竞争性、公平性及人际沟通
六层面	Schneider 等（1965）	工作支持、管理结构、关怀新员工计划、组织内冲突、部门独立和普通满足
	Hart（1996）	表扬和认同、目的同向性、角色明确、管理者支持、参与决策和职业生涯发展
	Stringer（2002）	结构、支持、责任、认识、标准和承诺
八层面及多层面	Halpin（1963）	间疏、成就支持、以身作则、人际间隙、关心、阻力、工作态度以及亲密
	任金刚（1996）	领导、规章、发展、沟通、升迁、考核、薪酬和福利
	Litwin（1968）	构架、责任、矛盾、温度、支持、标准、认同、风险和奖励
	朱瑜（2004）	工作架构、工作自立、关怀温度、优劣区分、工作方向、奖酬标准、管理时效、人际标准

关于组织氛围层面的研究从 2 个层面到 8 个层面及多层面，划分越来越细并且越来越全面。不同层面常常伴随着不同的情境设置或者研究范畴，没有形成统一的被公认的全面组织氛围层面划分。虽然各学者对组织氛围层面划分不一致，但从各学者的划分中，我们可以发现有些层面存在很多的共通性，有着一定的逻辑关联，比如很多研究者都提到组织的关怀、奖励、责任、管理、沟通、人际关系等，与本研究要探讨的学校组织氛围层面也有一些共通之处。

由于对学校组织氛围的概念理解各有不同，因此对于学校组织氛围的层面划分，各学者往往依据其研究目的与对象的不同所划分的层面有所差异。下面是几种常被使用的组织层面类型划分。

Halpin、Croft（1963）最早将学校组织气氛引入教育组织中，他们编制发展了组织气氛描述问卷（OCDQ）。他们认为学校组织氛围是校长行为与教师行为相互影响的结果，教师团体的特质可以影响校长的领导行为，而校长的领导方式也能影响教师的人际交往情形（图 2-1）。

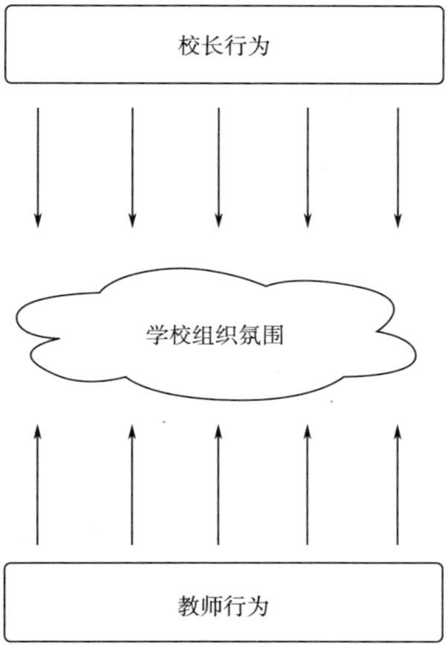

图 2-1　学校气氛的形成

资料来源：Silver（1983：181）。

Halpin，Croft（1963）的组织气氛描述问卷，经因素分析结果，找出了衡量学校组织气氛的 8 个层面，这 8 个层面分别从校长行为和教师行为各 4 个层面划分。

校长行为：

①疏远（aloofness）：指校长行为是正式、不讲人情的，一切要求公事公办，照章行事。即校长与教师经常维持某种程度的生理和心理距离。

②强调成果（production emphasis）：指校长为完成学校的目标和任务，采取高度管理方式，校长扮演一种监督者的角色，不重视教师的回馈和反应。

③以身作则（thrust）：指校长以自己的行为来激励教师努力工作，由自己树立榜样来激发组织成员，以推动学校组织运营。

④关怀（consideration）：指校长的态度友善，尊重教师，能体谅教师的辛劳，关怀教师的福利和权益，能够主动为教师做一些有益的额外事情。

教师行为：

①脱离（disengagement）：教师间关系不融洽，在学校事务处理上的观点不一致，教师间合作性低，在执行业务上不认真，只希望交差了事，未尽心力。

②阻碍（hindrance）：指教师感受到校长常给予其如开会等非必要的行政工作。教师受到行政琐事的牵绊，无法全心投入教学工作中。

③士气（esprit）：指教师的工作士气、服务精神及在工作中所获得的社会性需求的满足感和成就感。

④亲和（intimacy）：指教师之间彼此友好的关系、交往密切、互相信赖的程度。

Halpin、Croft（1963）编制的组织气氛描述问卷（OCDQ），经过因素分析后，8 个衡量学校组织氛围的层面可归纳出开放型、自主型、控制型、亲密型、管教型和封闭型 6 种学校组织气氛类型。6 种学校组织氛围的类型与特征如表 2-2 所示。

表 2-2　Halpin、Croft 学校组织气氛类型

气氛层面		气氛类型					
		开放型	自主型	控制型	亲密型	管教型	封闭型
校长行为	疏远	低	高	高	低	低	高
	强调成果	低	低	高	低	高	高
	以身作则	高	中	中	中	中	中
	关怀	高	低	低	高	高	低

续表

气氛层面		气氛类型					
		开放型	自主型	控制型	亲密型	管教型	封闭型
教师行为	脱离	低	低	低	高	高	高
	阻碍	低	低	高	低	低	高
	士气	高	高	高	中	低	低
	亲和	高	高	低	高	低	中

注 许明仁（2006：16）。

Stern、Steinhoff（1965）根据 Lewin、Murray 的理论架构，设计了组织气氛指标问卷（Organizational Climate Index，OCI）。他们把组织氛围划分为发展压力（development press）和控制压力（control press）2 个层面。发展压力是某一类型的社会力量，会增加个人实现其心理成长的需要；而控制压力是另一类型的社会力量，会阻碍个人的表现或阻碍个人心理成长需要的满足。其中，发展压力是由智性气氛（intellectual climate）、成就标准（achievement standards）、实用性（practicalness）、支持性（supportiveness）和秩序性（orderliness）5 个因素压力聚合形成的一种社会力量。一个组织如果具有较高的发展压力，则较能促进个人的自我实现与发展。控制压力由无智性气氛（nonintellectual climate）、无成就标准（nonachievement standards）、冲动的控制（impules control）3 个因素形成。一个组织如果表现出高度的控制压力，将会影响组织成员追求学术与成就。

Hoy、Clover（1986）针对 Halpin、Croft 的组织气氛描述问卷的缺失，发展出修订组织气氛描述问卷（Revised Organizational Climate Description Questionnaire，OCDQ-RE）。该问卷将学校组织氛围分为 6 个层面，其中校长行为方面包括支持行为（supportive behavior）、指示行为（directive behavior）、限制行为（restrictive behavior）；教师行为方面包括同事行为（collegial behavior）、亲密行为（intimate behavior）、脱离行为（disengaged behavior）。

在 Hoy、Clover（1986）提出的 OCDQ-RE 中，上述 6 个层面经过因素分析后，可以产生 2 个一般因素，一为衡量教师与校长间关系的开放程度，二为衡量教师间关系的开放程度；此二类因素，又皆为一个开放—封闭的连续体，在这个连续体中，再根据校长和教师行为的开放程度，分为开放型、投入型、脱离型和封闭型 4 种类型的学校组织氛围。各类型组织氛围的含义叙述如下。

①开放型气氛（open climate）：在开放型气氛中，校长与教师的行为均是开放性的。在校长方面，校长不过多地干预教师教学，为保证教师能够专心投入教学，在工作中尽量减轻教师繁杂的行政性事务工作压力，鼓励教师为学校发展建言献策；在教师方面，教师间也彼此真诚、积极、互相支持，有较强的团队合作精神，相互交往密切、友善，教师之间即使因为工作产生了不同意见或行为也会平心静气地彼此阐明自己观点，互相理解和包容。

②投入型气氛（engaged climate）：在投入型气氛中，校长的行为是封闭性的，而教师的行为是开放性的。校长在工作中对教师实行严格的监督、把控，严格限制教师行为，对教师工作不予以高度支持，不尊重教师的个人发展需求；但在教师之间，他们会彼此团结互助、真诚接纳，他们不会过多地理会校长对其工作的控制和干扰行为，而会更多地投入自己的教学工作中。

③脱离型气氛（disengaged climate）：在脱离型气氛中，校长的行为是开放的，但教师的行为是封闭性的。校长在工作中最大限度地对教师工作予以支持，尊重教师的个人发展需求，对教师给予关怀和帮助，为教师专业发展和教育教学改革提供多方面培训和指导；但在教师方面，教师之间却表现出冷漠、疏离、相处不融洽的行为，并且不愿服从校长的领导，甚至一些教师表现出脱离管理的行为。

④封闭型气氛（closed climate）：在封闭性气氛中，校长与教师的行为均是封闭性的。校长在工作中，做事比较刻板、严厉，不讲究变通，而且

更多地注重繁杂的行政性事务工作，经常让教师参加无意义的会议、报告等，对教师工作缺少支持，并且严格监控教师行为；而教师之间也彼此漠不关心，人际关系疏离，表现出不宽容、不支持的行为。

4 种学校组织氛围的类型与特征如表 2-3 所示。

表 2-3　Hoy、Clover 学校组织气氛类型与特征

气氛层面		气氛类型			
		开放型	投入型	脱离型	封闭型
校长行为	支持	高	低	高	低
	指示	低	高	低	高
	限制	低	高	低	高
教师行为	同事	高	高	低	低
	亲密	高	高	低	低
	脱离	低	低	高	高

注　许明仁（2006：24）。

由于中学与小学相比有许多方面不同，对组织气氛的测评也就有所不同。因此，Kottkamp、Mulhrn、Hoy 等在 1987 年修正了 OCDQ，把不适用于中学的题目删除，发展制成了中学组织气氛描述问卷（Organizational Climate Description Questionnaire for Secondary Schools，OCDQ-RS）。该问卷将学校组织氛围划分为 5 个层面，即校长的支持和指示行为，教师的投入、挫折和亲密行为。现将 5 个层面的具体含义分述如下。

①支持行为（supportive behavior）：指校长在工作中对教师给予最大限度的支持和帮助，教师在工作中遇到的问题也会及时解决，关注教师的生活和个人发展，努力为教师争取福利，并且愿意与教师沟通新观念和做法，尊重教师的兴趣和专业。校长的支持行为重点放在关注教师的社会性需求和任务成就上。

②指示行为（directive behavior）：指校长对所有教师和学校的活动都有一定的指导权，对学校工作都会设定一个明确目标，教师的工作和学校

的一切活动都要以此目标为主要工作任务，校长会严格监控教师的工作行为，教师的一切工作都要以校长的指示为前提。校长的指示行为强调彻底的监督和上下垂直关系。

③投入行为（engaged behavior）：指学校教师工作士气高昂，对自己所属的学校感到自豪，主动参与学校各项活动，参加学校会议时经常热烈讨论并且气氛和谐，积极参加各项专业在职进修，对学校有认同感。教师的投入行为重在体现教师对工作的积极投入和对学校工作的关心。

④挫折行为（frustrated behavior）：指教师在沟通协调上受到阻碍，对于校长的要求不得提出意见，日常行政事务繁杂，无法专心教学或投入本职工作中，学校教师经常想调离其他学校。教师的挫折行为体现教师在工作中所受到的妨碍。

⑤亲密行为（intimate behavior）：指教师相处融洽，关系密切，相互体谅，在遇到困难时能够相互帮助，经常共同研究并解决工作中遇到的问题，同时能够接纳新进的工作伙伴。教师的亲密行为体现教师间的互助合作、友好亲密关系。

Kottkamp、Mulhrn、Hoy（1987）等对于中学组织气氛的研究中，没有将组织气氛类型化，采用了开放性指数的概念，并将亲密行为看成一个与学校气氛开放程度无关的独立因素，其气氛开放程度计算公式如下：

开放指数=（支持+投入）的分数-（指示+挫折）的分数

根据 Kottkamp、Mulhrn、Hoy（1987）提出的开放指数计算公式可以得出，学校的开放性指数得分越高，学校的组织气氛越开放；反之，学校的开放性指数得分越低，学校的组织气氛越封闭。据此，可以将学校的组织气氛类型简化成两种，即开放型组织气氛和封闭型组织气氛，2 种气氛类型分述如下。

①开放型气氛（open climate）：校长与教师都表现出开放性的行为。

校长在工作上尽最大努力支持教师，减轻教师繁杂事务的负担；教师间也彼此维持真诚、积极、合作的关系，相互交往密切、友善，对于不同的意见和行为都保持宽容的态度。简言之，校长的行为是高支持、低指示；教师的行为是高投入、低挫折。

②封闭型气氛（closed climate）：校长做事刻板、严格，对教师表现出控制和不支持的行为；而教师间也彼此漠不关心，人际关系疏离，对工作投入不高，表现出不宽容、不支持的行为。简言之，校长行为是低支持、高指示；教师行为是低投入、高挫折。

由于国内外文化背景不同，国内学者结合国内实际情况，对学校组织气氛层面做了相应的研究和划分，有代表性的划分层面有以下几种。香港中文大学郑燕祥（1991）以 Halpin 和 Croft（1963）的研究为基础，将组织气氛划分为校长领导行为、学校组织效能感、校长与教师关系、教师事业信守、教师团体心理和教师个体心理等 6 个层面。曹艳琼（2002）依据 Hoy 和 Clover（1986）发展的 OCDQ-RE 为基本架构，将学校组织氛围划分为 6 个要素，即校长行为方面的支持、指示、限制；教师行为方面的同事、亲密、脱离。潘孝富（2002）将中学组织气氛划分管理气氛、教学气氛、学习气氛和人际气氛 4 个要素。马云献（2005）以潘孝富（2002）编制的中学组织气氛问卷为基础，编制了针对地方高校组织的气氛问卷，共包括教师行为、领导形态、管理体制 3 个维度。徐朝阳（2018）认为以前的学校组织气氛问卷中缺少乡政府的行为，因此他针对农村中小学组织气氛编制了问卷，该问卷包括 4 个层面，主要是校长行为和乡政府行为。校长行为包括校长支持行为和校长监督行为，乡政府行为包括乡政府限制行为和乡政府支持行为。王涵（2019）在其研究中参考潘孝富等在 2019 年的研究成果，结合其研究内容的具体情况，将学校组织氛围划分为管理氛围、教学氛围和人际氛围 3 个层面。

在先行研究中对学校组织氛围的测量维度进行简要总结，如表 2-4 所示。

表 2-4 学校组织氛围的测量维度

研究者（年份）	学校组织氛围的测量维度
Halpin，Croft（1963）	校长行为：疏远、强调成果、以身作则、关怀 教师行为：离心、阻碍、士气、亲密
Hoy，Clover（1986） 曹艳琼（2002） 王双龙（2016） 王静等（2020）	校长行为：支持、指示、限制 教师行为：同事、亲密、脱离
Kottkamp，Mulhrn，Hoy（1987） 张国兵（2017）	校长行为：支持、指示 教师行为：投入、挫折和亲密
郑燕祥（1991）	校长领导行为、学校组织效能感、校长与教师关系、教师事业信守、教师团体心理和教师个体心理
潘孝富（2002） 尹素月（2019）	管理气氛、教学气氛、学习气氛和人际气氛
马云献（2005）	教师行为、领导形态、管理体制
徐朝阳（2018）	校长行为：支持、监督 乡政府行为：限制、支持
王涵（2019）	管理气氛、教学气氛、人际气氛

综合整理以上有关学校组织氛围的测量维度，本研究的目的是探讨吉林省本科高校学校组织氛围，根据研究需要，以修订的中学组织气氛描述问卷为依据，将学校组织氛围划分为支持行为、指示行为、投入行为、挫折行为、亲密行为 5 个测量维度。

2.1.3 组织氛围的研究动向

纵观已有研究，学者们对于组织氛围的研究大致分为理论研究和实证研究两方面。理论研究包括探讨组织氛围的概念、测量维度等；实证研究包括研究组织氛围影响因素或组织氛围的中介/调节作用。关于理论研究上节已进行详细整理和分析，本节不再赘述。

在实证研究中，很多研究者将组织中的领导与组织氛围联系在一起，探索两者之间的影响机制。苏文静（2017）认为，领导行为能够决定组织氛围；孙永磊（2018）认为，不同的领导风格会形成不同的组织氛围。组织氛围不仅受到领导风格、行为等影响，其也会使处于不同组织的员工表现出不同的态度、行为和绩效，对此，学者们的研究关注焦点也放在了组织氛围对员工离职意向、职业倦怠、工作满意度、工作投入、员工创新行为、工作参与度、工作绩效等的影响。韩国学者对于组织氛围也有研究。주동범、박성찬（2013）认为，组织氛围越积极，员工的工作压力越低；차동옥（2004）认为，如果组织内部员工感到缺少组织的支持，组织有效性就会降低。이태구（2009）对组织氛围和工作投入的关系进行了实证性研究，研究结果显示在组织氛围和工作投入的关系中，工作压力和领导—部属交换理论（LMX）在其中会起到调节作用。李董平等（2013）研究表明，学校组织氛围对青少年学生学习成绩具有重要影响。鲍学峰等（2016）研究表明，初中生感知学校氛围可以显著负向预测网络游戏成瘾。魏叶美等（2020）认为，学校对教师的管理越严格，教师的离职倾向越强。张金荣等（2020）发现，组织氛围可以对幼儿教师工作绩效有显著预测作用。对于组织氛围的中介/调节作用，陈泽明等（2013）研究发现，组织氛围在知识分享模式和企业技术创新能力之间起调节作用。侯浩翔（2018）在校长领导方式对教师教学创新行为的研究中发现，学校组织氛围在二者之间存在中介作用。

对于组织氛围的相关研究，早期被视为组织行为学领域的专业研究，发展至今已经拓展至心理学、管理学、教育学等领域。近些年也有研究者为关注组织某种特定行为或现象而将组织氛围细分为伦理氛围、服务氛围、创新氛围、安全氛围、文化氛围等特定组织氛围，但本研究认为这些特定组织氛围也具有一般组织氛围的属性，因此本研究重点关注教育领域的学校一般组织氛围的影响作用。

2.2 组织支持感

2.2.1 组织支持感的概念

组织支持感（perceived organizational support）的概念源于“社会交换理论”和“互惠原则”思想。人类早在原始社会时期，由于生活的需要逐渐有了物品交换，随着生产力的不断发展，这种交换也在不断演进，不仅仅是简单的物质交换，也有非物质的交换。这种交换我们可以理解为，当一方给予对方一定的商品或者帮助时，接受的一方有责任或有义务给予相应的报酬，这种现象运用到组织管理中，就随之产生了社会交换理论。

社会交换理论最早是霍曼斯（George C. Homans）在1974年提出的，其核心观点是：每个人所占有的资源都是有限的，这些资源不可能都完全满足自己，因此想要获得其他人的资源的代价就是牺牲自己的利益或是资源，因此人们正是通过“支付—回报—再支付—再回报”的连续行动，结成了一定的社会关系与结构（武倩，2012）。这一理论认为，人与人之间的关系本质上是一种社会交换，既包括物质的交换也包括非物质的交换（徐仁辉，杨永年，张昕，2006）。人们之间这种相互间的交换互动如果运用到组织环境中，我们可以理解为雇主与员工之间的雇佣关系，即组织成员个体通过自身对工作的积极努力，做出工作成绩，为公司获得利益，而公司作为对员工的回报，会给予员工一定的奖赏、荣誉和利益的一种交易。

互惠原则是社会交换理论的核心内容，互惠原则顾名思义，是指当人们在生活或者工作中遇到困难，受到过他人的帮助后，人们在日后会对帮助自己的人给予一定的物质或其他形式的回报，或者在平时的工作交往中至少不会做出有损那些帮助自己的人的利益的行为准则。运用到组织理论当中，我们也可以理解为，当组织给予员工一定的薪资、奖励、工作支持、生活关心等时，员工会因此更加努力工作以回馈组织，提高工作绩效，帮助组织实现其组织目标。

基于“互惠原则”和“社会交换理论”Eisenberger 等提出了组织支持理论（organizational support theory，OST）。该理论指出，员工的工作表现与其感受到的组织支持和关心程度成正相关关系。即当员工感受到自己得到组织的支持和认同时，就会在工作中表现得积极，工作热情也会得到很大提高；当然，与之相反，如果工作中只关注员工对组织所做出的贡献，强调奉献，也会导致员工因此产生逆反心理，员工一旦产生逆反或厌烦的心理状态，就会对工作产生懈怠心理，工作积极性下降，工作效率低，对工作不再有斗志或激情，时间久了甚至会产生离职的心理。这个理论修正和完善了以往的研究中研究者只强调员工对组织的承诺，却很少关注甚至忽略组织对员工的承诺的弊端，提出只有员工真实地感受到组织对自己的关心和重视，才会自愿留在组织并且为组织做出贡献。自组织支持理论的研究开始受到关注和重视之后，不仅在学术界出现了更多的研究并且运用到企业管理中，企业领导也开始注重组织对企业员工的承诺，对员工的态度不再是一味地索取，而是给予员工一定的奖项和激励，极大限度地提高了员工在组织内部的地位，而员工也因此对组织的承诺予以回馈，组织与员工之间形成了良性影响作用。

Eisenberger 基于上述观点，明确提出了组织支持感的概念。他总结了前人的研究，将组织支持感定义为，员工对于组织是否看重他们的贡献，并在不同的情况下给予他们的不同对待形成一种总体看法。组织支持感实质就是员工对于组织是否支持自己的一种认识和感受（武倩，2012）。这一概念有 2 个核心的要点：一是组织对员工努力和贡献的重视，反映了员工有被组织认可的需求；二是组织重视员工的幸福感，反映了员工期待组织满足自身的社会情感需求。

Eisenberger（1986）认为，组织支持感是员工对组织承诺的重要决定因素。员工感知到的组织支持越高，越容易视自己与组织之间为“关系型”关系；反之，员工则越容易视自己与组织之间为“交易型”关系。组织支持感将影响员工对自身与组织之间关系的认定。组织的支持能够满足员工的社会情感需求，如果员工感受到组织愿意而且能够对他们的工作努力进行回报，员工就会为组织的利益付出更多的努力（徐晓锋，车宏生，2005）。Eisenberger 用组织支持感来表示员工感受到的组织对自己的承诺，组织的支持能够满足员工的社会与情感需求。根据酬报原则，较高的组织支持感会使员工产生一种回报组织的心理压力，进而提高员工的工作投入、组织承诺和工作绩效，帮助组织实现组织目标（周莹，2009）。

随着 Eisenberger 对于组织支持感概念的提出，各学者也纷纷结合自己的研究，阐述了对组织支持感的不同理解。Frijda（1988）认为，当员工在组织中碰到不利状况时，经常会进行归因，而归因的结果将直接影响员工的情绪。组织支持感较高的员工，往往会做出对组织有利的归因，即站在组织立场，为组织寻找合理的理由和解释（例如，组织可能由于面临恶劣的局势而不得不如此等）。这提示，组织支持感较高的员工，将自己与组织的关系视为“关系型”，往往不会轻易动摇对组织的积极情感。组织支持感越高，表明员工越倾向于认为组织能够满足自己的“社会情感需求”，自己的价值能够得到组织认可，从而愿意回报组织以更多的努力（姜薇薇，2014）。Witt（1991）认为，组织支持感是以员工参与工作为前提的，是员工感受到的组织对自己的支持和关系程度。这种感受越强烈，就越会使员工工作的积极性及内在责任感与自信心增强，员工就会有更强的义务感为组织工作，员工对组织的忠诚度越高，对组织目标的完成就越有益。Shore、Tetrick（1991）则将组织支持感定义为，员工对于组织如何对待他们的一种感知，然后根据自身的感受对组织的行为态度进行归纳的一种判断。

在中国文化背景下，国内学者对于组织支持感也有一定研究。徐晓峰（2004）将组织支持感视为一种员工的心理知觉，源于其幸福感体验及工作价值是否被组织重视。员工感受到组织对他非常重视并且愿意为他的成绩付出酬劳，员工会感觉受到鼓励，在此情况下，员工会更加努力地为组织创造价值。陈志霞（2006）通过对相关文献进行系统研究，将组织支持感界定为员工对于组织是否支持自己、关心自己和尊重自己的一种综合知觉和具体感知。凌文辁（2006）将组织支持感定义为，员工感知到组织对他们工作上的支持，对他们价值的认同以及对他们利益的关心。这一概念是建立在员工心理状态方面的工作动机层面上的。这一概念包含3个核心要素：一是员工的工作成果受到组织的奖励与回报，保障员工的物质生活；二是员工的工作态度、行为、成果受到组织的认同与支持；三是员工为追求精神需求，在工作中不断努力、创新、自我突破、自我实现，即满足员工生存、自尊和成长的需要（王琴，2012）。在组织支持感本土化研究的过程中，凌文辁对于组织支持感的定义得到了国内大部分学者的认可，后期对于组织支持感的研究和测量大多以凌文辁的研究为参考依据。

此外，也有一些学者提出了与Eisenberger相类似的看法。左红梅、杨辉（2009）认为，组织支持感是一种知觉和信念，这种知觉和信念是员工在感受到组织对他们的贡献和对他们利益的关注程度以后所形成的。武倩（2012）也提出了类似观点，指出组织支持感就是员工的一种心理感受，这种感受包含了员工所体会到的组织如何对待他们的贡献和对他们的利益是否关心这两个方面。姜薇薇（2014）在研究中对组织支持感的概念界定采用Eisenberger（1986）的定义，即组织支持感是员工感知到的组织对其贡献的评价及对其幸福感的关注，将形成员工对组织支持的综合的整体性感知。闫振华（2017）在其研究中也采用了同样的观点。林家好（2019）在其硕士论文中，将组织支持感定义为在工作过程中，员工所产生的组织给予其工作支持、贡献认可以及利益关注的总体感受。

综合上述有关组织支持感的定义，可以看出，组织支持感是员工对组织如何看待自己对组织的贡献和成绩、组织是否关心他们幸福的一种心理感受，是员工内心感知到的组织对自己的态度和关注，是一种内在心理感受。工作中，当员工在组织里得到了一定的认可和尊重，工作中得到最大限度的支持，薪资待遇和个人晋升发展也在朝向自己的期望发展时，作为组织员工，本着互惠原则，员工内心也会产生与之相应的责任感和义务感，并会通过积极努力工作，以更高的工作热情、更饱满的工作激情、更好的工作绩效来回馈组织。基于以上理解，本研究认为组织支持感是组织与员工在互惠原则的前提下，员工对于组织对自己是否关心、是否重视自己的付出、是否愿意对自己的工作成就给予一定回报的主观感受。

国内对于教育领域的教师组织支持感的研究，大部分是参考先行有关管理学、心理学等领域的研究，是把教师作为研究对象，对于教师组织支持感的定义也是在此基础上，各学者结合自己研究对象的特征来阐述对于教师组织支持感的理解。陈松超（2015）在对特岗教师组织支持感的研究中认为，特岗教师的组织支持感是指教师所感受到的组织对他们的支持以及重视他们的程度。体现在以下几个方面：学校领导认可自己的工作能力；教师所处的人际环境比较和谐；工资比较合理，并且有一定的福利；在职称评定、评优奖励方面体现出组织的公平性；教师的工作有一定的自主性；为教师各方面发展提供宽松的环境等。汤金宝（2018）在对中学教师组织支持感的研究中，将中学教师组织支持感定义为中学教师感受到的所在学校管理者重视和认可其对工作的贡献以及学校管理者关心教师利益的程度。主要包括学校领导及相关政策和制度对教师工作上的支持、对教师利益的关心和对教师价值的认同等。李凡（2019）认为，组织支持感是教师在学校的组织环境中感知到或者感受到的组织对自己工作的支持程度和对其幸福感的关注程度。周瑞（2020）对于义务教育教师组织支持感的研究，参考凌文铨对企业员工组织支持感的定义对教师组织支持感做出界定：教师组织支持感是指教师能够感知到的组织（学校）对他们工作的支持、利益的关心和价值的认同。赵巾伟（2020）在对地方高校青年教师组织支持感的研究中，参考了凌文铨对企业员工组织支持感的定义，他认为教师组织支持感是指教师能够感知到的学校对他们工作的支持、利益的关心和价值的认同。

综合整理上述有关教师组织支持感的定义，本研究认为地方高校教师的组织支持感是在学校组织环境中，教职员工感受到的学校管理者对自己工作的重视、支持程度以及对于教职员工利益的关注程度。

2.2.2　组织支持感的测量维度

对组织支持感的测量和研究，不同研究者根据自己的理解也开发出了不同的测量工具，而研究测量角度也分为单向维度或两个、三个甚至多个维度。组织支持感是员工对于组织如何对待自己的总体看法，是一个整体概念，因此 Eisenberger（1986）开发了组织支持感的单一层面测量工具，即感知组织支持调查（the Survey of Perceived Organizational Support, POS）。国内研究者舒倩怡（2018）在其研究中就是采用了 Eisenberger 等研发的简化版组织支持感量表。姜薇薇（2014）在其研究中也采用了单一维度测量组织支持感，其测量工具来自 Eisenberger（1986）的简短版本。Farh 等（2007）的研究中使用了组织支持感量表。

在 Eisenberger 开发了组织支持感的单一层面测量量表之后，也有学者认为组织支持感的测量应该是多层面的。Mc Millin（1997）把组织支持分为社会情感支持和工具性支持。工具性支持包括资讯、物质和人员等方面的功能性支持，有助于员工开展工作；社会情感支持包括亲密的、尊重的支持和网络整合支持，有助于员工满足社会需求和心理需求（周莹，2009）。还有一些学者认为组织支持属于社会支持的一种，社会支持包含内容众多，而将组织支持的重点放在工作单位的支持上。从此角度分析，组织支持变为一个多层面的概念。Allen（2001）在 Mc Millin（1997）的研究结论基础上，提出了组织支持整合模型，并指出组织支持感有工具性支持、情感支持及上级支持 3 个层面。Thompson、Jahn（2003）认为，组织支持感包括无形支持感和有形支持感两个层面。Bhanthumnavin（2003）

提出，把组织支持划分成情感性支持、信息支持以及组织支持。Kraimer、Wayne（2004）在对外派人员进行研究过程中，将组织支持感分为3个层面，即个人财务收支组织支持、环境调整组织支持、职业生涯组织支持。

大部分国内学者认为组织支持应该是多层面的，需要从不同的方面对其进行测评。李佳怡（2000）在研究中将组织支持划分为6个层面分别是生涯协助、领导关系、工作环境、工作生活平衡、自我成就发展以及目标明确性。徐哲（2004）在研究中将组织支持分为6个层面，分别是尊重支持、资讯支持、物质支持、人员支持、亲密支持和社群支持。

凌文辁、杨海军、方俐洛（2006）研究发现中国企业员工的组织支持感结果是一个多层面的心理结构，分别包括工作支持、认同价值和关心利益3个要素，这点明显区别于西方的单层面结构，说明三维结构的组织支持更能激励员工。工作支持主要是给员工提供工作上的支持，类似于Mc Millin的工具性支持；价值认同是指组织要认同员工的价值，尊重员工的意见和建议，不轻易辞退员工，对想要辞职的员工进行挽留，为原岗位被取消的员工创造更好的工作机会等；关心利益是指组织要充分关心员工的利益，包括按时发放工资，提供更好的薪酬激励机制，奖励勤奋上进的员工关注他们的工作情绪或生活等。据此，他在以往研究的基础上编制了组织支持感调查问卷，并且经过检验，该量表也具有良好的信度和效度。从凌文辁等人的研究中不难看出，中国企业员工对于组织的支持感知体现在组织会满足他们对工作各个方面的需求，组织也会看到员工对组织的价值并予以肯定，同时对员工给予工作和生活方面最大的关怀帮助。

凌文辁、杨海军、方俐洛（2006）编制的组织支持感问卷研究了中国文化背景下的组织支持感层面，其量表因为考虑了中国文化背景与西方的差异而具有很强的影响力。后来国内很多研究者如唐丁（2017）、刘姝玉（2018）、林家好（2019）等都采用凌文辁等所编制的量表进行组织支持感的测量。在凌文辁等研究的基础上，崔玉玲（2006）在其硕士论文中将组织支持感划分为4个层面，即工作支持、个人发展、关心利益和组织氛围。陈敏华（2009）以外企核心员工为研究对象，将组织支持感分为 4 个层面，即工作支持、价值认同、员工利益和组织鼓励，通过数据调查分析，取得了较高的信度。

此外，以刘智强、陈志霞等为代表的部分学者还从组织支持能够为员工提供多方面的支持这一角度展开对组织支持感层面的研究。刘智强（2005）提出了组织支持感 7 个层面的观点，即职业协助支持、上级支持、公正性支持、尊重支持、工作保障支持、亲密支持和社群支持；陈志霞（2006）在其博士论文中，对于组织支持感共划分了 3 个层面，即相对狭义的组织支持感，主要包括情感性组织支持和工具性组织支持 2 个维度；相对广义的组织支持感，主要包括工具性组织支持、情感性组织支持、上级支持和同事支持 4 个基本维度；广义的组织支持感，主要包括职业支持、重视和重用、能力发挥和抱负施展、人际支持、福利保障、宽容体谅、公正合理、关心尊重、生涯发展等 9 个维度。宝贡敏等（2011）聚焦于组织支持的不同来源，提出了中国员工组织支持感的多维度构思模型并编制开发出“中国员工组织支持感量表”，他们将组织支持划分为组织制度支持、组织制度保障、主管任务导向型支持、主管关系导向型支持、同事工作支持和同事生活支持 6 个层面。侯媛媛（2013）在其研究中从员工所感受到的组织支持的来源着手，把组织支持感分为狭义组织支持、上级支持和同事支持 3 种。张立峰（2016）结合我国文化情境及其研究需要，采用 Mc Millin（1997）的观点，将组织支持感划分为社会情感性支持和工具性支持 2 个维度。本研究对组织支持感的测量维度进行了简要总结，如表 2-5 所示。

表 2-5　组织支持感的测量维度

研究者（年份）	组织支持感的测量维度
Eisenberger（1986） 姜薇薇（2014） 舒倩怡（2018）	单一维度的结构，组织支持感是一个由低到高的连续体

续表

研究者（年份）	组织支持感的测量维度
Mc Millin（1997） 张立峰（2016）	社会情感支持和工具性支持
Allen（2001）	工具性支持、情感支持及上级支持
Thompson，Jahn（2003）	无形支持感和有形支持感
Bhanthumnavin（2003）	情感性支持、信息支持、组织支持
Kraimer，Wayne（2004）	个人财务收支组织支持、环境调整组织支持、职业生涯组织支持
李佳怡（2000）	生涯协助、领导关系、工作环境、工作生活平衡、自我成就发展、目标明确性
徐哲（2004）	尊重支持、资讯支持、物质支持、人员支持、亲密支持、社群支持
刘智强（2005）	上级支持、公正性支持、尊重支持、亲密支持、职业协助支持、工作保障支持和社群支持
凌文铨，杨海军，方俐洛（2006） 唐丁（2017） 刘姝玉（2018） 林家好（2019）	工作支持、认同价值和关心利益
崔玉玲（2006）	工作支持、个人发展、关心利益和组织氛围
陈志霞（2006）	（1）相对狭义的组织支持感：情感性组织支持和工具性组织支持 （2）相对广义的组织支持感：工具性组织支持、情感性组织支持、上级支持和同事支持 （3）广义的组织支持感：职业支持、重视和重用、能力发挥和抱负施展、人际支持、福利保障、宽容体谅、公正合理、关心尊重、生涯发展
陈敏华（2009）	工作支持、价值认同、员工利益和组织鼓励
宝贡敏等（2011）	组织制度支持、组织制度保障、主管任务导向型支持、主管关系导向型支持、同事工作支持和同事生活支持
侯媛媛（2013）	狭义组织支持、上级支持和同事支持

以上是国内外研究者从不同角度对组织支持感进行的测量和维度的划分，研究对象都是以企业员工为主体。在教育领域对教师的组织支持感测量维度的研究，国内学者大都以此为基础。张昊智（2009）在对中学教师组织支持感的研究中，引用 Eisenberger 编制的组织支持感量表（是一个单维度量表），对问卷中名词稍作修改，将“组织”改成“学校”。刘芹仲（2015）在对高校教师组织支持感的研究中，参考凌文铨等于 2006 年针对中国企业员工所编制的问卷，结合地方高校的具体实际情况，将地方高校教师组织支持感同样分为工作支持、价值认同和关心利益 3 个层面。这也是国内研究教师组织支持感引用最广泛的测量维度，研究的对象也涉及中学教师、民办地方高校教师、地方高校青年教师、新入职的青年教师等。张金涛（2019）在对幼儿园教师组织支持感的研究中，引用了陈志霞（2006）编制的组织支持感问卷，将其中问卷的名词改为幼儿园教师，将组织支持感划分为上级支持、同事支持、情感性组织支持和工具性组织支持 4 个层面。

综合整理以上有关教师组织支持感的测量维度，本研究组织支持感的测量维度引用受到国内广泛认可，以凌文铨等 2006 年针对中国企业员工开发的本土化组织支持感的调查问卷，分为工作支持、价值认同和关心利益 3 个测量维度，这一多层面划分是对学校教职员工工作动机的反映，满足了他们生存、自尊与成长的需要。

2.2.3　组织支持感的研究动向

组织支持感指出，组织对于员工的关心和重视是员工愿意留在组织内部，并为组织做出贡献的重要原因。因此，对于组织支持感的研究，学者们的研究焦点一方面关注组织支持感的概念、测量维度和测量，另一方面关注组织支持感对组织承诺、员工行为、工作满意度、离职意向等的影响。

陈志霞（2006）认为，组织支持感会使员工因感受到同事的支持、理解和对其能力的肯定而产生一系列积极的情绪体验，这些积极的情绪体验是与组织联系在一起的，会使员工对组织做出更多承诺。서재현（2008）以刚进入公司1年的新入职员工作为调查对象，研究发现组织心理氛围中具有的尊重感和安全感对新入职员工的工作投入和组织支持感有直接或间接的影响。研究中将组织支持感作为中介变量，组织心理氛围作为自变量，工作投入作为因变量，研究发现组织心理氛围中的尊重感和安全感分别具有影响，使用回归分析结果发现，组织心理氛围中的尊重感和安全感对组织支持感有正向影响，并且组织支持感对工作投入有积极的影响，通过分析，组织支持感作为中介变量，组织支持感对组织心理氛围和工作投入之间也具有一定的调节作用。양재영（2014）以在旅行社工作的261名正式员工为调查对象，调查了其休闲满足对工作满意度和组织支持感的影响。研究结果发现旅行社员工的工作满意度对组织支持感有积极的影响，并且员工的工作满意度越高，组织支持感就越高。姚官丽（2015）对地方高校青年教师组织支持感与离职倾向展开研究，调查以省属重点地方高校、普通地方高校、民办地方高校中40周岁以下的青年教师为调查对象，调查结果发现，地方高校青年教师组织支持感与离职倾向存在负相关关系。并且，地方高校青年教师组织支持感在教师职称、地方高校类型等人口统计学变量上存在显著差异，即教师职称水平越高，其组织支持感水平越高；学校层次越高，教师组织支持感也越高。李晓林等（2021）对互联网从业人员组织支持感、职业紧张与工作满意度进行调查，应用多重线性回归模型探讨互联网从业人员职业紧张和组织支持感对工作满意度的影响，结果发现组织支持感与员工工作满意度之间存在正相关关系。

在对组织支持感的先行研究中，组织支持感作为研究变量，有的用作自变量，有的用作中介/调节变量，从先行研究的结果中我们可以预测，组织支持感对组织绩效、员工的工作态度、工作投入等多种变量都有一定的关系。

2.3　自我效能感

2.3.1　自我效能感的概念

自我效能（self-efficacy）的概念最早出现于 1977 年美国心理学家班杜拉（Bandura）《自我效能：针对行为改变的独特理论》（*Self-Efficacy: Toward a Unifying Theory of Behavioral Change*）一文中。班杜拉指出，人类行为不仅受到行为结果影响，也受到对自我行为能力与行为结果的期望的影响，而自我效能感（perceived setf-efficacy）就是个人对自己是否能完成某方面工作的能力的主观评估（马西儒，杨波，2020）。

班杜拉自我效能理论的基础是“三元交互决定论”。即环境（E）、人（P）和行为（B）三者的交互决定论。这个理论是将环境（主要是社会因素）、个体的内部因素（主要是个体认知）和行为看作是相互独立又彼此相互作用、交互决定的影响因素。即个体的行为不仅会受到环境的制约，也会对环境有所改变或影响；同时个体的认知不仅会影响自己的行为，而且行为的反馈又会使个体产生对结果的重新认知，进而提高个体自身的调解功能。因此，在日常生活和工作中，要注重从环境、个体的内部因素和行为三者之间的交互作用关系综合去看待个体的日常行为表现，不能跟随大众看法，人云亦云（图 2-2）。

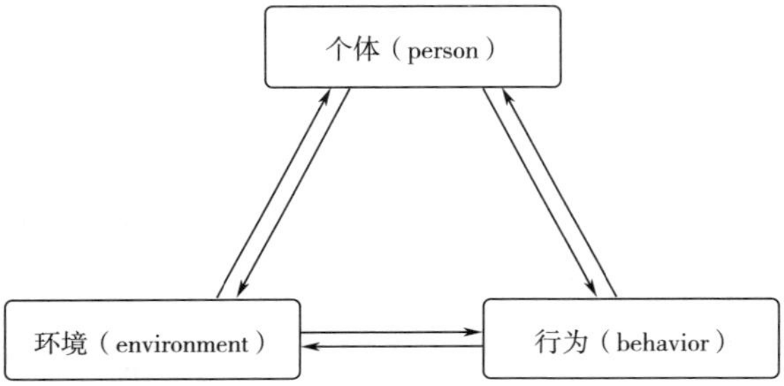

图 2-2　班杜拉三元交互决定论

在班杜拉看来，个体所有的心理和行为变化都是通过个体的自我效能感起作用，自我效能感的概念也是他根据三元交互决定论所提出的，他认为自我效能感是个体对自己是否能够完成某一项工作的信念，在个体行为发生以前就已经产生的，相当于个体对自己能力的判断。自我效能感并非是个人拥有的某项技能，而是个人对自己能否发挥已有技能的提前预判。在他看来，期待是能够影响个体行为出现的主要因素，同时也是连接认知和行为之间的纽带。他认为期待是“个体坚信自己具备能够顺利完成某种行为从而达到预期结果的能力”，同时能够影响个人在活动时的努力程度和面对困难时的坚韧不拔（张照，2020）。如果个体的这种期待越强烈，那么为了更好地完成某项工作，个体会因此付出更多的精力和努力，这种期待就被称作是自我效能感。

随着班杜拉的自我效能感概念提出之后，不同学者对于自我效能感也有不同的理解和定义。德国的心理学家施瓦泽（Schwarzer，1997）认为，自我效能感是个体在解决困难问题或身处不同境遇时，所持有的个人信念，轻易不因任务情境、工作领域的差异而发生变化。他将自我效能感定义为一种总体的自信心，是个体为了适应不同环境的需要，随时改变方法达到一种同步默契的自信能力。Chen（2000）认为，自我效能感指个体应付各种不同环境的挑战或面对新事物时的一种总体性自信程度。国内学者黄蕾等（2015）、马浩（2017）在其研究中也采用了这一定义。Judge（2001）认为，自我效能感是个体对自己能否完成既定行为目标所需的基础能力的判断，对自己是否能有效应对各种情境的评估（金引丽，桂守才，2014）。

国内学者对于自我效能感的定义也有不同的理解。边玉芳（2003）认为，自我效能感是个体对有效控制自己生活诸方面能力的知觉或信念。王艳喜、雷万胜（2006）认为，个体面对某种处境时表现出的一种积极应对的心理状态。郭本禹等（2008）认为，自我效能感是指人们对成功实施达成特定目标所需行动过程的能力的预期、感知、信心或信念。沈洁（2009）认为，自我效能感就是当个体面对任务和要求时，所表现出的能力和对自我肯定。田学英（2012）认为，自我效能感是人们基于对自身某方面能力的主观评价而形成的一种自信感。郑媛、周厚齐（2015）认为，自我效能感是一种主观的知觉感受，是一种个体能力的总体信念，而非个体的行为或能力本身。吴芳（2016）从社会认知理论的角度出发，认为自我效能感是反映个体主观能动性的典型指标。胡中慧（2019）认为，自我效能感的定义是指个体在不同情境条件下，对完成某项任务的自我衡量、判断以及所需的自信心。肖凤等（2021）在对护理人员自我效能感、工作环境与其关怀行为的研究中，认为自我效能感是指个体对实现特定领域行为目标所需能力的信念或信心。

教师自我效能感是自我效能感的延伸，自我效能感是指个体对自己是否有能力完成某一行为所进行的推测和判断。自从班杜拉提出自我效能感之后，在学术界，研究者更多地倾向于认为班杜拉的自我效能感理论更能解释个体的行为表现是受自我效能感影响。基于此，学者们在班杜拉的自我效能感理论基础上，开始在教育领域对教师自我效能感进行相关研究和测量。

有关教师自我效能感的概念有以下几个代表性概念。教师自我效能感这一概念最早是由美国兰德研究机构在1976年提出的。他们依据罗特（Rotter）的控制源理论，认为教师自我效能感是指，教师对自己在多大程度上具有影响学生表现的能力的信念（McLaughlin，Marsh，1978）。Ashton（1984）认为，教师自我效能感是教师自身对其学生的学习产生积极的影响和帮助的信念，教师自身影响学生发展能力的信任程度；Hoover（1987）认为，教师自我效能感是教师自身教学能力和专业知识能影响和帮助学生的一种信念（宗小芸，2008）。国内学者朱梅（2019）在研究教师自我效能感与工作投入的关系时，也采用了这一定义。Newman、Rutter、Smith（1989）认为，教师自我效能是指教师对于自己的教学是否能够引起学生成功学习和个人满足的一种知觉。Simpson（1990）则认为，教师自我效能感包括2个方面，一是教师对宿命论的排斥，相信学生的学习成果不完全受制于智商和家庭环境；二是肯定自己的能力，认为在特定情境中，教师有能力去影响学生的学习（卢玉娟，宋其辉，2005）。Hall（1992）更加明确地表示，教师自我效能感是教师对自己影响学生学习的能力信念。班杜拉（1997）认为，教师自我效能感指的是个体对他是否有能力实施或导致特定教学效果的行为的主观评判。Tschannen-Moran（2001）认为，教师自我效能感是教师对自己在特定情景下组织和执行具体教学任务行为能力的信念。Van den Berg（2002）认为，教师自我效能感是在指导教师教学工作、学生成绩和在学校与他人合作等方面的信念、态度和情感的联结。

国内最早引入教师自我效能感这一概念并对其进行阐述的是黄巍（1992），他将教师自我效能感叫作教师的教育有效感，提出教师自我效能感是指教师对自己是否有能力对学生的学习产生积极影响的信念，这一信念受到外部环境因素和教师主观心理因素的影响。余国良、申涛等（1995）将教师效能感定义为，教师对自己影响学生学习行为和学习成绩的能力的一种主观判断。

庞丽娟、洪秀敏（2005）在其教师自我效能感对自身自主发展的研究中认为，教师自我效能感是指教师对教育价值及对自己做好教育工作与积极影响儿童发展的教育能力的自我判断、信念与感受。它主要包含着4个方面含义：一是教师自我效能感是教师自我认知与情感体验的综合体，是一个有着多层面丰富含义的整体性概念，既包括认知成分，也包括情感成分。二是教师自我效能感是教师对自身教育工作与能力的信念。三是教师自我效能感反映了教师在教育活动中的主体性、积极性和创造性。四是教师自我效能感绝不仅仅简单地意味着教师的教学效能感，还广泛地包括教师在教育多方面的自我效能感（马诗源，2018）。邱怀萱、李丽日（2012）对于教师自我效能感的研究偏重在教师“自我”的部分，指教师在与学校互动情境中，对于自己执行工作任务的感受、自我评价与知觉信念，而非偏重在教师的教学效能。邵思源（2016）从众多有关教师效能感的定义中提取到关于教师自我效能感的 2 点内容：一是，教师对自身能否影响学生发展的一种自我信念；二是，若将教师自我效能感置于具体的教学情境中，它指的是教师对其教学能力的自我判断、信念和感受。

综合以上有关自我效能感和教师自我效能感的定义，结合本研究的研究对象特点，本研究认为自我效能感是学校教职员工在工作中，面对工作任务和要求时，对其能够有效地完成工作、实现工作目标的一种能力的信念和肯定。

2.3.2 自我效能感的测量维度

班杜拉（1986）认为自我效能感有三个层面，即水平、强度和延展性（或广度）。水平是指个体会自行判断自己所需完成任务的难易程度，个体也会根据自己的判断来选择不同难度的任务；强度是指个人确信自己能够执行一种行为的绝对值，自我效能感的强度与面对挫折、痛苦时的坚持性有关；延展性（或广度）是指成功或失败影响自我效能感的影响度，在某一特殊领域的自我效能感会多大程度地泛化到其他领域。韩国学者박학서（2017）根据班杜拉（1977）的理论将自我效能感解释为具体情况下的自信感（self-confidence）、相信个人行动时能够很好地进行调整的自我调节效能感（self-regulatory efficacy）以及和目标相关联的课题难易度喜好（task difficulty preference）3 个层面。

自我效能感主要包括领域关联自我效能感和一般自我效能感 2 个方面。领域相关是指这类自我效能感只针对某一具体领域，因此针对不同领域必须专门编制有针对性的测量工具。例如，保险推销员自我效能感量表（凌文辁，张鼎昆，方俐洛，2001）、军事民航飞行员职业自我效能感量表

（肖玮，2004；刘真，2016）等。一般自我效能感是指个体应付各种不同环境挑战或面对新事物时的一种总体性的自信心（吴晓亮。2014）。德国心理学家拉尔夫·施瓦茨（Ralf Schwarzer）和同事于1981年开始编制一般自我效能感测量工具（General Self-Efficacy Scale，GSES），GSES开始有20个项目，经过研究改进为10个项目。目前GSES已被翻译成至少25种语言，在国际上广泛使用（王才康等，2001）。国内学者王才康等（2001）对GSES中文版的信度和效度进行了研究，发现中文版同样具有较高的信度和很好的预测效度，并证实了GSES的单维度性。本研究从教育领域入手，对教师自我效能感进行测量研究。

教师自我效能感是教师在学校特定环境下，基于自己的工作目标采取一定行动，是对个人能力的判断，对自己能够完成目标持有的信心。关于教师自我效能感的测量维度，学者根据自己的理解都进行了不同的划分。1984年，Gibson和Dembo基于班杜拉的自我效能感理论，以效能预期（efficacy expectations）和结果预期（outcome expectations）概念开发了第一个教师效能感量表（Teacher Efficacy Scale，TES）。该量表分为2个维度，即个人教学效能（personal teaching efficacy，PTE）和一般教学效能（general teaching efficacy，GTE）。个人教学效能是指，教师对个人教学效能的意识或相信自己有能力将学生带入学习中，该维度反映教师对其能带给学生积极的学习结果的信念。这个维度包括9个项目，反映了教师对学生学习的责任意识，对应班杜拉的“效能预期”。一般教学效能是指，教师相信他带来任何变化的能力都受到外部因素的限制。该维度反映的是，教师对他能够带来希望的结果受到外在因素（如家庭环境和家庭背景）限制的信念。该维度包括7个项目，反映了教师对教与学之间关系的看法，对应班杜拉的“结果预期”。但这份量表多局限于教师教学方面，缺少对教师教学的社会环境的关注（罗玲，2012）。

韩国学者이현정（1998）认为，Gibson和Dembo（1984）对教师效能感的测量维度存在几个问题，并主张应该考虑脉络性因素如学生、社会影

响、行政支持等的测量维度。他以此为基础，调查并研究了韩国学校的组织氛围，将影响教师的因素根据教师的工作分为教学指导、学生生活指导、特别活动指导、行政业务、人际关系 5 个层面。박학서（2017）认为，이현정（1998）是在学校这样特别的脉络领域所提出的教师效能感应作为一般自我效能感的特殊领域来看待，而他认为教师效能感或许可以与一般自我效能感一样，由自信感、自我调节效能感、工作难易度喜好 3 个方面构成其测量维度。

所谓自信感（self-confidence）是教师个人对自我能力的一种确定或者自信所达到的程度（班杜拉，1977；이현정，1998）。在学校的特定环境中，教师的自信心是指教师基于个人能力的判断，确信自己完全能够胜任学校布置的相关工作。在教师效能感中，自信心高的教师表现为对自己的能力有足够的信心，在工作当中表现积极，对周围有一定的影响力。

所谓自我调节效能感（self-regulatory efficacy）是教师个人可以观察、判断自己的行为并且自己可以像自我调节的机器一样对自己的行为做出积极有效的自我反映调节（班杜拉，1977；이현정，1998）。自我观察是指对自身行为的有意识注意，在自己设定工作目标、工作进展程度等方面可以有意识地进行自我调节，进而影响自己的下一步行动。自我判断是指个人的目标和目前的工作情况进行比较的判断标准，并能根据目标的特性、个体行动的归因等对目前工作进行肯定性或否定性的判断。自我反映就是根据目标是否满足而随时对行动进行调整，是自我同步的过程。自我调节效能感就是通过自我观察、自我判断的认知性过程和自我反映的同步性过程共同实现。在学校，教师在完成各项工作中，可以通过自我调节效能感的机制感受到教师效能感，一般情况下，自我调节效能感高的教师与自我调节感低的教师相比，对待工作更积极，完成的工作效率也更高。并且，自我调节效能感高的教师在工作中可以随时调整自己的工作状态，如果意识到目前的行动无法完成工作目标，教师也会积极反馈，

采取积极行动，促使自己达成目标，这对于教师个人来说也会有所成长和进步。

所谓工作难易度喜好（task difficulty preference）是教师为了表现出较优秀的教学行为而采取具有挑战性的教学课题的程度（班杜拉，1977）。由此可以看出，教师效能感高的教师，在面对具有挑战性的工作时不会退缩，并且有信心自己可以完成相关工作，也会为实现具体的工作目标而努力。相反，教师效能感低的教师，在面对具有挑战性的任务时会选择退缩和回避。教师效能感越高，在面对具有挑战性的任务时，就越不会放弃，并且会为完成目标而更加努力。

关于教师自我效能感国内外其他学者也有不同的划分。Emmer、Hickman（1991）认为，教师自我效能感可以分为三个维度，即管理和纪律约束的个人效能（personal eefficacy of management and discipline）、外部影响（external influence）和个人教学效能（personal teaching efficacy）。1997 年，班杜拉自己也设计了教师自我效能量表（teacher self-efficacy scale）。他指出教师的效能感在教师面对不同类型的任务、不同的学科等具体情境时并不完全一致。因此他将该量表分为教学效能（instructional efficacy）、纪律效能（disciplinary efficacy）、争取家长参与效能（efficacy to enlist parental involvement）、争取社区参与效能（efficacy to enlist community involvement）、影响决策效能（efficacy to influence decision making）、影响学校资源效能（efficacy to influence school resources）、创造积极学校氛围效能（efficacy to create a positive school climate）7 个维度（杨蓉，2010）。班杜拉的量表拓展了教师效能的范围，而不再仅仅局限于课堂教学领域，更符合教育的社会目标。但是，班杜拉量表中有些因子太特殊和边缘化，而且不同文化下教育的主要目标也是不同的，因此，至少他所设计的一部分维度在中国并不适用。2001 年，Tschannen-Moran、Woolfolk-Hoy 在吸收班杜拉量表的基础上，通过和教师讨论哪些事件最能反映教师效能等研究过程，形成了一个新的教学效能感量表，称为俄亥俄州教师效能感量表

（Ohio State Teacher Efficacy Scale，OSTES）。最终确定教学策略（instructional strategies）、课堂管理（class management）和学生参与（student engagement）3 个维度，同时又补充了对学生思维发展、教学创造性、教学灵活性等方面的关注。

从国内研究来看，影响最大的是俞国良、辛涛等（1995）构建的中学教师教学效能感量表，此量表是基于 Gibson 量表编制的，它和 TES 极为相似，分一般教学效能感和个人教学效能感两个维度。从理论上则采用效能预期和结果预期解释 2 个因子。这一研究为国内研究者进行教学效能感研究提供了一个有力工具，成为该领域的里程碑。自此，国内关于教师效能感的研究丰富起来。但从对教学效能感结构的理解来看，近乎大部分的研究都沿用两因素模型（GTE 和 PTE）解释教师效能感。邱怀萱、李丽日（2012）与之前研究者侧重点不同，他们的研究偏重教师的自我效能部分，而非偏重教师的教学效能。他们将教师自我效能感划分为成就感、责任感、控制感、坚持度、正向思考 5 个层面。成就感指小学教师对自己的能力和表现感到满意的程度；责任感指小学教师对于学校工作的结果自认为需要负责任的程度；控制感指小学教师知觉到可以运用自己所拥有的内在状况，进而能够影响外在的环境并带来想要的结果；坚持度指小学教师在学校工作情境中能坚持自己的信念，不轻易放弃而继续不断努力的程度；正向思考指小学教师能以积极正向的思维和行动，表现在学校工作情境中。梁涛（2012）在其对地方高校辅导员自我效能感研究中，将自我效能感划分为学生管理、人际协调、情绪调节 3 个维度。鲁明辉（2017）对特殊学校教师教学效能感及其相关因素的研究中，根据 Tschannen-Moran、Woolfolk Hoy（2001）编制的 TSES 量表为基础，形成中文版教学效能测量工具。王巍（2021）以教师在线教学自我效能感为切入点，同样以 TSES 为基础，开发针对在线教学情境下的教师自我效能感问卷，包括学生参与、课堂管理和教学策略 3 个维度。本研究对教师自我效能感的测量维度进行了简要总结，如表 2-6 所示。

表 2-6　教师自我效能感的测量维度

研究者（年份）	教师自我效能感的测量维度
Gibson，Dembo（1984） 俞国良，辛涛（1995）	个人教学效能和一般教学效能
Emmer，Hickman（1991）	管理和纪律约束的个人效能、外部影响、个人教学效能
Bandura（1997）	教学效能、纪律效能、争取家长参与效能、争取社区参与效能、影响决策效能、影响学校资源效能、创造积极学校氛围效能
Tschannen-Moran，Woolfolk-Hoy（2001） 鲁明辉（2017） 马诗源（2018） 王巍（2021）	教学策略、课堂管理、学生参与
Bandura（1977） 이현정（1998） 고광혁（2011）	自信感（self-confidence） 自我调节效能感（self-regulatory efficacy） 课题难易度喜好（task difficulty preference）
허회숙（2008）	学习指导效能感、生活指导效能感、营造学校环境效能感、工作处理效能感、自我调节效能感、社会性效能感、关系效能感
박현정외（2006） 최상균（2011） 이효신（2012） 서진상（2013）	个人教学效能感、教学指导、生活指导、行政职务、与人际关系相关联的效能感
류근하（2013）	自我效能感、教学效能感、关系效能感
邱怀萱，李丽日（2012）	成就感、责任感、控制感、坚持度、正向思考
梁涛（2012）	学生管理、人际协调、情绪调节

注　引用韩国学者박학서（2017）及本研究者整理。

综合整理以上自我效能感和教师效能感的测量维度，因本研究的对象主体包括地方高校内行政人员和专任教师，因此本研究将自我效能测量维度设定为自信感、自我调节效能感、课题难易度喜好 3 个测量维度。

2.3.3 自我效能感的研究动向

自从班杜拉提出“自我效能”的重要概念，20 世纪 80 年代以来，自我效能感理论已被广泛地应用到各个领域，研究范围包括医疗看护、企业管理、学校组织等，研究对象则包括医护人员、企业员工、行政主管、教师、学生、校长等，研究结果亦多呈现自我效能感与相关行为具有显著关系。

徐佩汶（1997）以保险业务人员为对象，发现自我效能感对业务员的绩效具有正面影响。韩国学者김형정（2003）根据组织氛围的不同，探讨组织有效性相关的研究中验证了自我效能感的调节效果，研究结果发现，在组织氛围中，秘书越是充分认识到自律性和支持感，对工作满意度就越高；组织内部感受到的氛围越温暖、友好，关怀性越强，必要时能得到上司的帮助，秘书的职务满意度就越高。并且研究还发现，在组织氛围里自律性和支持感对工作满意度产生的影响中，自我效能感起到调节效应。李梦麟等（2007）探讨了知识经济环境下组织焦虑与自我效能感对创新绩效的影响，发现自我效能感会对研发人员的创新绩效产生影响，员工的自我效能感高，对未来的努力成果会产生正面的影响。안성철（2009）在其研究中发现，变革性领导力不仅直接影响组织成员的工作效果，而且在变革性领导力和组织成员的工作效果之间的关系中，自我效能感和工作投入还具有一定的中介效果。季岩研（2010）以自我效能感为媒介分析了辅导员工作倦怠与工作绩效之间的关系，通过数据分析，地方高校辅导员的自我效能感对工作绩效有直接影响，二者具有正相关性；并且自我效能感在工作倦怠和工作绩效之间起到中介作用。赖焱烽等（2018）以临床医学生为研究对象，研究医学生学习投入、自我效能感与主观幸福感之间的关系，研究结果表明，学习投入不仅直接正向影响主观幸福感水平，还通过自我效能感的中介机制发挥间接影响效应。韩国学者이경민（2019）主张，为

了提高学校教育质量水平，校长的领导能力应以教师们的努力为基础，为了实现学校组织的目标，校长的作用和教师的自我效能感非常重要，并且认为校长的领导能力对教师之间的矛盾、教师自我效能感有一定影响，也是影响教师工作投入、组织成果，决定教育质量的重要因素。从该研究的结果来看，校长的领导能力对教师自我效能感的下位因素，即课题难易度喜好、自我效能感、自信感都有正向影响；在教师自我效能感对工作投入的下位要素即持续性投入和情绪投入的影响中，只有课题难易度喜好和自我效能感产生显著影响；在教师自我效能感与组织成果之间的关系中，只有自我效能感有显著影响；校长的领导能力在工作投入和组织成果之间的关系中具有显著影响。

自我效能感是指对自己完成课题后达到目标的能力的自我评价。心理学家们从多个角度研究了自我效能感，例如，自我效能感发展的各种途径、在各种情况下出现的自我效能感的活力或缺乏、自我效能感和自我概念之间的相互作用、对自我效能感有帮助或妨碍的归因习惯等。自我效能感对人类倾注努力的所有领域都有影响。通过决定一个人对可能影响情况的自身力量具有的信念，自我效能感对个人有能力应对挑战的实际力量和个人采取的选择等产生强烈影响。本研究在组织氛围、组织支持感与工作投入之间的关系中，将自我效能感作为中介变量，以更深入、更系统地验证相关变量之间的影响关系。

2.4 工作投入

2.4.1 工作投入的概念

工作投入一词，最早由学者 Lodahl 与 Kejner 在 1965 年提出，他们整合了 Allport（1947）的“自我投入”和 Dubrin（1956）的“生活兴趣重心”这两个概念，将工作投入定义为一个人在心理方面对其工作的认可和投入程度或在他的自我形象中工作所占的重要性。

自 Lodahl、Kejner 提出工作投入的概念之后，这一概念经过将近 60 年的研究，大量学者对其提出了自己的看法，不同的学者从不同的角度对其进行了定义。以下是本研究经过相关文献查阅整理的有关工作投入的概念。Patchen（1970）认为，当工作能提供满足个人成绩需要、归属感以及自尊需要时，个人会有高的工作投入。Kanungo（1982）认为，工作投入是在特定工作情境下，个人对当前工作的一种心理认知或信念状态。

Kahn（1990）认为，工作投入就是个人将自我表达与工作角色结合起来，全身心投入工作角色中。在 Kahn 看来，自我表达与工作角色二者实际上处于一个动态的、相互转化的过程，自我表达与工作角色的融合度正取决于工作投入的程度。工作投入高的人更能自由地表达自我，更能将自己的精力最大化地转换到工作角色之中，并在角色中展现自我；相反地，工作投入低的人容易将自我从工作角色中抽离出来，将自己的精力最小化地转换到工作角色之中，并有可能产生离职意愿。无法自我表达的个人经常在工作中表现得很痛苦，从而影响工作效率和工作绩效，进而产生工作倦怠感、疏远同事和领导等一系列问题。Seter. S. RM（1991）认为，工作投入并非指个体在心理上对工作很喜欢或很满意，而是将高品质完成工作视为自己的责任，因此，他认为工作投入是一个人对任务感兴趣及其在行为上投入的程度。Paullay、Alliger、Stone-Romero（1994）认为，工作投入是在认知层面个体对工作尽职尽责的程度。Maslach（1997）等从工作投入的对立面——工作倦怠的角度出发，认为工作投入是一个将原来不重要的、无意义的工作转化为具有挑战性、成就感，有意义的工作的过程，是对工作倦怠的销蚀。工作倦怠和工作投入是工作时的两种相反的状态。

Maslach（2001）在对工作投入深入研究后，重新提出了一个新的定义。他认为，工作投入是个体在工作时感到充满精力、能有效地进入工作状态并在工作中能与他人和谐相处，对工作一直保持积极向上的状态，并且自我感觉能够完全胜任工作中。工作投入对于个体和组织来说都是积极、高效的工作状态。Britt 等（2001）将工作投入定义为个体对自己的工作绩效的强烈责任感和承诺意愿，并感到工作绩效的优劣与自身关系重大。Rothbard（2001）认为，工作投入是指员工在心理方面对组织的投入程度和感受。

Schaufeli（2002）等人不赞同 Maslach 从工作投入的对立面——工作倦怠看待工作投入，认为虽然倦怠和投入从概念上说二者是相反的，但从结构上说，二者有着不同的结构。因此，他将工作投入定义为一种与工作相关的积极、饱满的情绪与认知状态，这种状态具有持久性和弥散性的特点，而不是针对某一特定的目标、事件或情境；工作投入本身就是一种正向体验，体现了工作中的高能量水平和强烈的认同感，精力专注而不涣散（李锐，凌文辁，2007）。

Saks（2006）将工作投入定义为一个不同的、独特的概念，由认知、情感和行为等组成，与个人的工作绩效相关。Newman 等（2008）认为，工作投入是个人对工作角色的行为供应，包括时间和精力。Rich（2010）认为，工作投入是个人认知、情感和体力的能量在工作中积极、充分地表现。Bakker（2011）等人则区分了工作投入和工作狂，他们认为工作狂是过分地沉溺于工作，是为了完成某种任务或目标而努力工作，源于一种强大的内在驱动力；但工作投入是一种轻松、愉快的工作状态，它是一种乐趣而没有强迫性的驱动力。他将工作投入概括为一种积极的、高度觉醒的情感性状态，精力、投入为其特征。

国内学者对于工作投入的理解也有不同看法。赵美铃（2004）认为，个体在工作情境中受到越多肯定时，个体就会越投入工作，也就是说，个体工作表现受到组织重视时，就会引起个体重视其工作表现，从而投入工作中。徐艳（2005）认为，工作投入是指个体心理上对目前工作的认同程度及对工作表现的重视程度，并积极主动参与工作。盛建森（2006）认为，工作投入是指一个人对其本职工作的积极主动的态度和热爱投入程度。陈维政、李金平、吴继红（2006）将工作投入定义为个人心理上认同他的工作，或是工作对于自我的重要性，即员工对其当前工作的投入程度，或者目前工作对于自我满足的重要程度。王丹（2012）在研究酒店组织氛围对员工工作投入的影响时也沿用了这一观点。何雯（2008）也有相同看法。张琳琳（2008）认为，工作投入就是在工作中充满热情，积极奉献，主动融入。焦海涛（2008）认为，工作投入是个人心理对其工作的一种认可，或者是工作对于自身的重要性。陈润龙（2009）认为，工作投入是指员工对所从事工作的认同和兴趣。李宏伟（2010）将工作投入的概念定义为：一种在工作中应该保持的积极、满意的情绪和认知状态。韦官玲（2010）认为，工作投入是在日常生活中表现出来的一种积极的、健康的、持久的、饱满的工作状态。具体表现在：认知上表现为对工作意义的强烈认同；行为上表现为积极努力、全身心地奉献于工作；情感上表现为一种愉悦、自豪感；意志上表现为面对困难的坚韧性。张彬（2010）认为，工作投入是员工由于受到工作的吸引而对工作保持注意，集中精力且全身心投入工作的状态。李敏（2011）针对教师群体开展研究，认为工作投入是指教师以专注、奉献和活力为特征，对工作保持积极、享受的态度。

方梦凯（2011）综合先前研究并进行总结，认为工作投入是个体对自己在工作中所能够达到状态的一种感觉。王祯（2012）认为，工作投入不仅包括认知，还应包括情感和行为。当员工投入到工作中，可以保持一种工作能力和工作意愿相结合的情感激活状态。凌飞鸿（2012）在研究高星级酒店的组织氛围是怎样影响员工的工作投入时，把工作投入定义为个体心理上对目前工作的认同程度及对工作表现的重视程度，并积极主动参与工作。胡少楠、王咏（2014）认为，工作投入是个体面对工作时产生的一种同时包含积极的情绪体验、敏锐的认知和高度激发的体能状态在内的、持久的心理行为状态。孙健敏、陆欣欣、孙嘉卿（2015）认为，工作投入是一种持久、稳定的情感—认知状态，且没有特定的目标、事件、个体或行为指向。胡维芳、刘慧莲（2016）认为，工作投入是一种以活力、奉献和专注为特征的，与工作相关的积极、饱满的情绪与认知状态。表现在工作情境中，个体受到越多肯定时，就会越投入工作。韩燕（2016）、刘真（2016）在其研究中也采用了相同观点。

唐丁（2017）在根据中外学者有关工作投入的研究，从不同角度对工作投入的定义进行了整理。基于认知角度，工作投入是组织成员对其工作完整性和任务重要性的整体认知；基于行为角度，工作投入是组织成员将时间和精力倾注于工作的过程；基于情感角度，工作投入是组织成员在工作中的表现和业绩对其自身的重要程度。唐丁在 Schaufeli 定义的工作投入的基础上，认为工作投入是个体充满持久、积极的情绪与动机的状态，在工作中能够全身心投入，并愿意为组织做出额外贡献。这个定义包含个体完成工作任务的目的及对组织的忠诚。

王旭、谭靖（2018）认为，工作投入是指员工专注于工作并完成工作。可以从认知、情感、行为 3 个方面来界定，从认知层面来看，工作投入是个体对现在工作重要性的感知程度；从情感层面来看，个体在工作中越受到重视，工作投入程度就越高；从行为层面来看，工作投入是指个体将其注意力、时间、精力等投入目前工作中的程度。赵德乔（2018）在其研究中，同王旭、谭靖观点一样，也从 3 个方面对工作投入进行了界定。他认为，工作投入是对工作的认同程度，从认知上能清晰地了解工作的角色、责任与使命，从情感上能喜欢这份工作，对工作表现出极大的热情，能够积极地、全身心地投入工作，从行为上能够坚守工作岗位，履行工作职责，完成工作任务。蒋蓉等（2023）认为，工作投入是指在工作中拥有积极的行为、情绪和认知状态。

由于文化背景不同，国内也有学者将工作投入表述为工作敬业。杨波（2012）提出，员工敬业是员工认同自身工作，并将自己的时间和精力投入工作，同时愿意与组织一起发展的心理状态。何洁等（2015）认为，敬业度是指员工在工作上的投入程度，包括敏锐的认知、情感上的热爱状态和行动上精力充沛的情形。刘金培等（2018）界定知识型员工敬业度为与工作相关的一种积极持久的、能够实现个人抱负的认知和心理情绪状态。

根据先行研究中对工作投入的定义进行简要总结，如表 2-7 所示。

表 2-7　工作投入的定义

研究者（年份）	工作投入的定义
Lodahl，Kejner（1965）	工作绩效影响个人自尊的程度
Lawler，Hall（1970）	一个人认为工作对自己或个人的形象具有的影响力
Salhe，Hosek（1976）	工作对于个体自尊和价值观的重要性
Kanungo（1982）	在特定工作情境下，个人对当前工作的一种心理认知或信念状态
Kahn（1990）	个人将自我表达与工作角色结合起来，全身心投入工作角色中
Seter. S. RM（1991）	一个人对任务感兴趣及其在行为上投入的程度
Paullay，Alliger，Stone-Romero（1994）	在认知层面个体对工作尽职尽责的程度
Maslach（2001）	个体在工作时感到充满精力、能有效地进入工作状态并在工作中能与他人和谐相处，对工作一直保持积极向上的状态，并且自我感觉能够完全胜任工作上
Britt 等（2001）	个体对自己的工作绩效的强烈责任感和承诺意愿
Rothbard（2001）	员工在心理方面对组织的投入程度和感受
Saks（2006）	由认知、情感和行为等组成，与个人的工作绩效相关
Newman 等（2008）	个人对工作角色的行为供应，包括时间和精力
Rich（2010）	个人认知、情感和体力的能量在工作中积极、充分地表现
Schaufeli（2002） 胡维芳，刘慧莲（2016） 韩燕（2016） 刘真（2016） 李锐（2017）	一种与工作相关的积极、饱满的情绪与认知状态
盛建森（2006）	一个人对其本职工作的积极主动的态度和热爱投入程度
陈维政，李金平，吴继红（2006） 王丹（2012）	个人心理上认同他的工作，或是工作对于自我的重要性

续表

研究者（年份）	工作投入的定义
徐艳（2005） 何雯（2008）	个体心理上对目前工作的认同程度及对工作表现的重视程度，并积极主动参与工作
张琳琳（2008）	在工作中充满热情，积极奉献，主动融入
焦海涛（2008）	个人心理对其工作的一种认可
陈润龙（2009）	员工对所从事工作的认同和兴趣
李宏伟（2010）	一种在工作中应该保持的积极、满意的情绪和认知状态
韦官玲（2010）	在日常生活中表现出来的一种积极的、健康的、持久的、饱满的工作状态
张彬（2010）	员工由于受到工作的吸引而对工作保持注意，集中精力且全身心投入工作的状态
李敏（2011）	教师以专注、奉献和活力为特征，对工作保持积极、享受的态度
方梦凯（2011）	个体对自己在工作中所能够达到状态的一种感觉
凌飞鸿（2012）	个体心理上对目前工作的认同程度及对工作表现的重视程度，并积极主动参与工作
杨波（2012）	员工认同自身工作，并将自己的时间和精力投入工作，同时愿意与组织一起发展的心理状态
孙健敏，陆欣欣，孙嘉卿（2015）	一种持久、稳定的情感—认知状态，且没有特定的目标、事件、个体或行为指向
何洁等（2015）	员工在工作上的投入程度，包括敏锐的认知、情感上的热爱状态和行动上精力充沛的情形
刘金培等（2018）	与工作相关的一种积极持久的、能够实现个人抱负的认知和心理情绪状态
王旭，谭靖（2018）	员工专注于工作并完成工作
赵德乔（2018）	对工作的认同程度，从认知上能清晰地了解工作的角色、责任与使命，从情感上能喜欢这份工作，对工作表现出极大的热情，能够积极地、全身心地投入工作，从行为上能够坚守工作岗位，履行工作职责，完成工作任务
蒋蓉等（2023）	在工作中拥有积极的行为、情绪和认知状态

以上有关工作投入的定义，虽然不同的学者观点不同，但综合来看，工作投入的基本内涵主要体现在以下几个方面。

①工作投入是一种认知的投入。认知的工作投入是指员工能够在认知上清晰地认识自己的责任和使命，这种使命感和责任感使其能全身心地投入工作。

②工作投入是一种行为的投入。行为的工作投入是指员工无论其情绪上反感工作还是认知上从来不了解其工作的使命与责任，但是员工为了谋生或者其他目的，能够使自己的行为投入工作。

③工作投入是一种情感的投入。情感的工作投入是指员工能够从情感上热爱自己的工作，能够对工作抱有极大的热情和一丝不苟的精神。

综上所述，本研究认为，对工作投入的定义也应该包括认知、情感和行为 3 个方面，本研究将工作投入定义为员工对于自己的工作有强烈的认同感和重视程度，在工作中充满热情，并且能够集中精力、积极主动参与工作的自愿行为。

从实际来看，教师工作投入是工作投入的一般概念在教育领域的应用和发展，现有研究多将后者直接应用教师工作投入研究，或者加以综合。当然，对于教师工作投入的定义，国内研究者也有不同的理解。

谢天德（1998）认为，教师工作投入是指教师乐意、专注于教育工作，并且为做好工作在从事教育工作时会进行相关的准备活动，以免届时慌张失措的一种心态或工作态度。周惠民（1999）认为，教师工作投入是指教师运用自身的职能对教学工作认同、乐于专注于教学工作，兼具心理状态及工作状态两种特质。钟佩蓁（2004）认为，教师工作投入是指教师对工作的认知，进而产生认同感，愿意主动参与、用心投入、乐在其中，也会因为重视从工作表现中得到肯定或需求，而产生的一种努力程度与工作态度。

盛建森（2003）认为，教师工作投入是指教师对自己本职工作的积极主动的态度和热爱投入程度，具体体现在认知、情感和行为三个方面。它不仅影响教师自身的生活质量及专业成长，更会影响学校的教育质量及学生的健康成长。李敏（2015）在其博士论文中提出，教师工作投入是指教师热爱并享受本职工作，在工作中专注融入、积极探索和乐于奉献的精神状态。李新翠（2016）对中小学教师工作投入进行了调查，认为教师工作投入是指教师从事工作的一种积极、向上、高效的状态。王倩倩（2017）针对农村教师工作投入展开了研究，她认为农村教师工作投入是一种与工作有关的积极、饱满的情绪与认知状态，不单指一种行为或动作，而是一种全身心融入工作的精神状态。张思宁（2018）在研究中采用了 Lestari S. D. 、D. R. Sawitri（2017）的观点，提出教师工作投入主要是指教师在教学活动当中，对于教学本身能够保持热情、积极、主动甚至热爱的程度，它对教师情绪本身产生影响的同时，也会影响学生的情绪状态和教学质量的实际表现。侯晓（2020）将幼儿教师工作投入定义为幼儿教师在日常工作中所具备的一种正向的、饱满的，与工作相关的心理状态。根据先行研究中对教师工作投入的定义进行简要总结，如表 2-8 所示。

表 2-8　教师工作投入的定义

研究者（年份）	教师工作投入的定义
谢天德（1998）	教师乐意、专注于教育工作，并且为做好工作，在从事教育工作时会进行相关的准备活动，以免届时慌张失措的一种心态或工作态度
周惠民（1999）	教师运用自身的职能对教学工作认同、乐于专注于教学工作，兼具心理状态及工作状态两种特质
钟佩蓁（2004）	教师对工作的认知，进而产生认同感，愿意主动参与、用心投入、乐在其中，也会因为重视从工作表现中得到肯定或需求，而产生的一种努力程度与工作态度
盛建森（2003）	教师对其本职工作的积极主动的态度和热爱投入程度，具体体现在认知、情感和行为三个方面
李敏（2015）	教师热爱并享受本职工作，在工作中专注融入、积极探索和乐于奉献的精神状态

续表

研究者（年份）	教师工作投入的定义
李新翠（2016）	教师从事工作的一种积极、向上、高效的状态
王倩倩（2017）	是一种与工作有关的积极、饱满的情绪与认知状态，不单指一种行为或动作，而是一种全身心融入工作的精神状态
张思宁（2018）	教师在教学活动当中，对于教学本身能够保持热情、积极、主动甚至热爱的程度
侯晓（2020）	幼儿教师在日常工作中所具备的一种正向的、饱满的，与工作相关的心理状态

综合整理以上有关教师工作投入的定义可以发现，教师工作投入对教师工作成效和身心健康具有重要的影响。一是，教师工作投入与教师工作效能密切相关，且工作效能是影响学生学业成绩的最重要的因素，因此，可以通过提高教师工作投入提升教师工作效能。二是，工作投入高的教师不易产生职业倦怠和相关健康问题，提高教师工作投入有利于促进教师队伍的稳定（李新翠，2016）。

本研究中，教师工作投入不仅指教师的教学工作，还包括行政人员的日常工作，因此本研究认为，教师工作投入是指学校教职员工对自己本职工作的强烈认同，能够积极主动地参与工作，并且愿意为工作付出最大的努力。

2.4.2　工作投入的测量维度

对于工作投入的测量维度，不同学者做出了不同的划分。Lodahl、Kejner（1965）根据自己的定义，开发了工作投入的测量量表，包含 2 个维度。一是个体对目前工作的心理认同程度，二是工作表现影响个体的自尊程度。Salhe、Hosek（1976）开发了一个工作投入的四因素量表，包含 4 个纬度，分别是：工作是生活兴趣的中心；个人积极参与工作的程度；工作绩效对个人自尊的影响程度；工作绩效及自我绩效的一致性。

Kanungo（1982）编制了单一维度结构的工作投入测量工具，共包含10个项目。国内研究发现，该测量工具具有良好的信度（陈维政等，2006）。谭小宏（2012）在其研究中以此测量工具为基础，结合国内的社会文化背景进行了部分修改，最后保留了6个项目。

Kahn（1990）将工作投入分为生理（physical）投入、认知（cognitive）投入和情绪（emotional）投入3个维度。生理投入指个体在执行角色任务时能保持生理上的高度投入；认知投入指个体能够保持认知上的高度活跃及唤醒状态，并能清晰地意识到自己在特定工作情境中的角色和使命；情绪投入指个体保持自己与其他人（如同事和上级）的联系以及对他人情绪情感的敏感性。上述这3个维度是相对独立的，例如个体虽然保持生理上的高度投入，但认知和情绪却可以处于欠活跃状态。但总的来讲，个体在某一维度上的工作投入越高，其总体工作投入也相应越高。Kelman的研究支持了Kahn的理论。他假定个体工作投入分为三级水平：第一级水平只是个体生理上的投入，缺乏认知和情感的投入；第二级水平是指个体认知能力在角色任务上的投入；第三级水平是个体投入的最高水平，不仅包括生理和认知上的投入，还包括情感的投入。这一水平的工作投入，个体通过自身与角色之间的情感联系而参与到工作角色中。他提出，当人们在情感上与工作任务联系在一起的时候，角色投入程度最高（司海燕，2009）。

Britt等（2001）以Schlenker（1994）的责任三维模型（the triangular model of responsibility）为理论基础，认为工作投入包括责任感（perceived responsibility）、承诺（commitment）和绩效影响知觉（perceived influence of job performance）3个维度。Schaufeli（2002）将工作投入划分为活力（vigor）、奉献（dedication）和专注（absorption）3个维度。活力是指个体在工作中充满精气神，具有充沛的精力和良好的心理韧性，一接触工作就会有动力，喜欢自己的工作，面对工作上的困难也能够坚持不懈，认为自己一定可以解决困难。奉献是指个体具有强烈的意义感、自豪感以及饱满的工作热情，在工作中愿意出谋划策，贡献自己的脑力和体力，勇于接受工作中的挑战，为自己的工作感到自豪。专注是指个体全神贯注于自己的工作，不可自拔，能够很长时间工作也不觉得厌倦和劳累，工作时觉得时间过得很快，不愿从工作中脱离出来。后续很多学者采用的都是Schaufeli对工作投入的维度划分。

虽然大部分学者在研究中采用3个维度的划分，但也有不同的观点。Bakker等（2011）也认为，可能有其他维度。Schaufeli等（2004）提出增加工作投入因素，即包括活力、奉献、专注和专业效能4个因素。Extremera等（2012）指出第四个因素为个人成就（personal accomplishment）。但是上述4个维度划分只是在少量研究中得到证实，没有被大多数学者认可。

此外，其他学者在研究中也有不同观点。May、Gilson、Harter（2004）的量表与Kahn的概念一致，他们设计的量表也是包括生理、认知和情感的三维度量表。Maslach、Leiter（2008）认为，工作倦怠与工作投入是个体在工作中处于两个极端的情感态度，当个体的工作倦怠消失就是工作投入的状态，并通过综合分析，将工作倦怠划分为枯竭（exhaustion）、讥诮（cynicism）和低专业效能感（lack of professional efficacy）3个维度，在一端的工作倦怠是厌烦、情绪低落，不愿意工作，即使工作也会表现为拖沓、效率低的状态，与工作及他人保持一定的疏离。工作投入划分为投入（involvement）、精力（energy）和效能感（efficacy）3个维度，在另一端的工作投入是充满活力、精神充足的状态，能有效地进入工作状态并能与他人和谐相处，而且自我感觉能够完全胜任工作，能够积极、高效地完成工作。

我国学者立足具体国情，也开展了本土化的工作投入的测量与研究。姜树民等（2004）针对吉林省普通地方高校青年教师工作状况进行了一次专项调查，编制了《吉林省地方高校青年教师工作状况的调查表》，从教师职业的态度、教师工作的积极性、教师工作投入的状况、工作量和工作业绩5个方面了解青年教师的工作状况。张铁文、甘怡群（2005）对Schaufeli（2002）的量表进行了中文版修改，同样将工作投入划分为活力、奉献和专注3个维度。

目前，国内对工作投入的测量使用最广泛的是上述张铁文、甘怡群（2005）开发的量表。但也有一些学者有不同的划分。徐艳（2005）从实证角度，运用现代管理心理学的实证研究方法，对工作投入进行探索性研究，开发出我国企业员工工作投入问卷，从兴趣导向、工作热忱、心理认同和积极参与4个层面来测量工作投入的程度。兴趣导向层面主要考察个体在工作中是否体会到了乐趣；工作热忱层面主要考察个体在工作中的奉献精神；心理认同层面主要考察个体对所从事工作的心理认同程度；积极参与层面主要考察个体对工作的参与程度。张林（2008）将企业员工的工作投入划分为3个维度，分别是工作热忱、主动参与和工作专注。工作热忱包括精神饱满、充满活力，工作起来很有干劲等内容；主动参与包括员工主动加班、下班之余还考虑工作的问题以及主动针对工作提出自己的建议等内容；工作专注的内容与Schaufeli划分的专注内容类似，包括沉浸于工作不能自拔，认为工作的时间总是过得很快。陈润龙（2009）将企业员工的工作投入划分为奉献、兴趣、专注、活力4个维度。曾晖等（2009）编制了企业员工综合工作投入问卷，将工作投入划分为聚焦、活力、主动参与、价值内化、效能感和积极坚持6个维度。王丹（2012）对酒店员工工作投入进行测量，将工作投入划分为工作专注、工作热情、工作参与3个层面。张立峰（2016）在其研究中采用了Schaufeli（2002）的划分观点对工作投入进行了测量，但他认为"专注"这一维度存在一定争议，因此他在研究中将工作投入划分为活力和奉献2个维度。根据先行研究中对工作投入的测量维度进行简要总结，如表2-9所示。

表 2-9　工作投入的测量维度

研究者（年份）	工作投入的测量维度
Lodahl，Kejner（1965）	个体对目前工作的心理认同程度；工作表现影响个体的自尊程度
Salhe，Hosek（1976）	工作是生活兴趣的中心；个人积极参与工作的程度；工作绩效对个人自尊的影响程度；工作绩效及自我绩效的一致性
Kanungo（1982） 谭小宏（2012）	单一维度
Kahn（1990） May，Gilson，Harter（2004）	生理、认知和情绪
Britt 等（2001）	责任感、承诺和绩效影响知觉
Schaufeli（2002） 张铁文，甘怡群（2005） 凌飞鸿（2012） 李敏（2015） 韩燕（2016） 唐丁（2017） 刘姝玉（2018） 蒋蓉等（2023）	活力、奉献和专注
Schaufeli 等（2004）	活力、奉献、专注、专业效能
Extremera 等（2012）	活力、奉献、专注、个人成就
Maslach，Leiter（2008）	投入、精力和效能感
姜树民等（2004）	教师职业的态度、教师工作的积极性、教师工作投入的状况、工作量、工作业绩
徐艳（2005）	兴趣导向、工作热忱、心理认同、积极参与
张林（2008）	工作热忱、主动参与和工作专注
陈润龙（2009）	奉献、兴趣、专注、活力
曾晖等（2009）	聚焦、活力、主动参与、价值内化、效能感和积极坚持

续表

研究者（年份）	工作投入的测量维度
王丹（2012）	工作专注、工作热情、工作参与
张立峰（2016）	活力、奉献

综合整理以上工作投入的测量维度可以发现，工作投入是个体嵌入工作角色的积极特征，从内心深处承认、接受工作角色所赋予的责任和义务，活力、奉献和专注是最能突出工作投入的维度特征。

国内对教师工作投入领域的研究，大部分是对国外工作投入相关成熟量表的修订和验证。国内较早对教师工作投入进行测量的是学者盛建森，2006 年他在结合国外学者编制的相关问卷基础上，自编完成了国内教师工作投入量表，该量表包含工作重要性、工作乐趣和工作专注 3 个层面。王彦峰、秦金亮（2010）结合我国社会文化背景，参照 Schaufeli 等人（2002）对工作投入测量维度的划分，编制了符合国内社会文化背景的幼儿教师职业特点的问卷，将幼儿教师工作投入划分为工作愉悦、工作价值、工作责任、工作专注 4 个层面。侯晓（2020）对幼儿教师的工作投入也采用了相同的划分方式。谢景晨等（2009）将中学教师的工作投入划分为工作认同、工作专注、工作乐趣、工作责任 4 个层面。

韦官玲（2010）在前人研究的基础上，结合我国国情，编制了适合我国本土化的中小学教师工作投入问卷，将中小学教师的工作投入划分为工作价值、工作愉悦、工作进取、工作负责 4 个层面。罗安娜（2014）在研究型地方高校高层次人才敬业度的测量中，将教师工作投入划分为意识要素、情感要素、行动要素 3 个层面。赵斌（2014）等设计了包括情感投入和行为投入因子在内的教师工作投入问卷，对教师工作投入情况进行测量分析。魏军锋（2015）使用中文版 Utrecht 工作投入量表，对地方高校青年教师工作投入现状进行了调查。王倩倩（2017）基于实证研究，从活力、奉献及专注 3 个层面考察了农村教师的工作投入状况。张思宁（2018）

对陕西、江苏、重庆、新疆和山西等省份的中小学教师进行抽样调查，也从活力、奉献及专注 3 个层面对教师工作投入进行了测量和分析。

朱艳（2020）在其研究中提出，教师工作投入的测量不仅要面向工作、教师自身体验，还应该考虑教师职业的特殊之处——面向学生，因此，她参考了 Klassen（2013）编制的教师工作投入量表，将教师工作投入划分为情绪投入、认知投入、面向同事的社会投入、面向学生的社会投入 4 个纬度。该量表从个体自身、教学过程、班级和学校角度测量教师工作投入，分别考察教师教学中的专注程度、情绪状态、与学生的关系和与同事的关系，这是在中国文化情境内首次使用的测量工具。

综合整理以上教师工作投入相关的构成要素，本研究采用了先行研究者们使用最多的测量维度，即活力、奉献、专注 3 个维度作为工作投入的测量维度。

2.4.3 工作投入的研究动向

从工作投入的先行研究来看，学者们首先从不同角度对工作投入的概念提出了自己的观点。其次，学者们根据自己的理解对工作投入的测量提出了不同的划分结构。对于工作投入的实证研究，学者们也从工作投入的现状、工作投入的影响因素方面进行了研究。

对于工作投入的现状调查，学者们在不同领域如医学领域的护士工作投入、教育学领域的教师工作投入、管理学领域的员工工作投入等展开研究。研究结果发现，不同领域的员工工作投入整体处于中等或较好的水平（张宇斐等，2015；李敏，2015；张立峰，2016）。在工作投入的影响因素研究中，不同领域也有不同的研究。在人口统计学特征中，研究发现工龄（Schneider，Vaught，1990）和年龄（Tett，Meyer，1993）对工作投入有一定影响，但是性别对工作投入没有影响（Love，Singer，1988），退休年龄（tenure）对工作投入有负向影响（Hazer，Alvares，1981）。Kim、Shin、Swanger（2009）的研究表明，处于管理岗位的员工的工作投入显著高于

非管理岗位员工，并且职位越高，其工作投入度就越高。Schaufeli 等（2004）的研究结果显示，工作投入与离职意愿呈显著负相关，并对工作资源与离职意愿的关系具有显著的中介作用。주대진、김진모（2010）的研究结果发现，职务的自律性和多样性会影响员工工作投入，Brown、Leigh（1996）的研究验证了职务挑战性和工作投入之间有一定影响关系。김정식等（2011）的研究阐释了自我效能感对工作投入有一定影响，유명근等（2010）的研究发现了工作满意度与工作投入之间有一定影响关系。문영주（2011）的研究验证了经历投入和组织投入与工作投入之间有相关关系。차동옥、김정식（2011）的研究认为授权型领导力对工作投入有显著的正向影响关系，工作投入和组织投入之间具有正向影响关系（한용희 외，2010），工作投入对员工离职意愿会产生负向影响（홍기운，정희남，2012）。工作投入作为员工个人对自己做好本职工作的激励程度，其工作投入越高，工作效率越高（김대철，정미란，송병화，2008）。김정식、김현철（2012）在研究中发现工作投入对工作效率有正向影响，서대곤（2011）在研究中验证了工作投入和创新性行为有显著的正向相关关系。虽然工作满意度和组织投入可以成为工作投入的必要条件，但却不能成为充分条件。工作满意度或者组织投入高的组织员工虽然很可能投入工作中，但是其相反的关系也并不总是成立（김병규，윤기웅，제갈돈，2016）。为了达成组织目标，工作满意度或者组织投入通过工作投入这个最具直接性的指标对组织效率产生影响（김근세，이경호，2005）。杨春等（2018）在护士工作压力、工作投入与工作幸福感的关系研究中，发现工作压力与工作投入、工作幸福感呈负相关，工作投入与工作幸福感呈正相关。杨继鹏等（2020）研究发现，医护人员工作投入与组织支持感呈正相关，工作投入、组织支持感与离职意向呈负相关。

职务是组织成员与组织之间的核心纽带，为了实现组织目标，成员们必须履行工作职责。通过工作职务，成员们可以同时体验到工作的价值、意义与责任感（정승언，1997）。尽管对组织投入、工作满意度、工作压

力等进行了多方面研究，然而把研究重点放在工作投入方面的研究却并不多。因此，人们有必要将对工作投入进行必要性研究。

2.5 变量间的关系

2.5.1 组织氛围与工作投入的关系

已有较多文献在部分情境下对组织氛围和工作投入两变量间的关系进行了多方面研究。陈维政、李金平、吴继红（2006）研究组织氛围对员工工作投入的影响，研究中他们发现组织氛围中的管理风格、人际关系对员工工作投入有影响；刘晶（2013）通过抽样调查江苏省内 293 名一线制造业员工，发现组织氛围对员工工作投入有直接影响作用；韩燕（2016）研究组织氛围与工作投入的关系时，所调查的对象主体是新生代知识型员工，调查结果发现二者存在明显的正相关关系。

以上是针对企业领域的研究。对于教育领域的学校组织氛围和教师工作投入的关系，国内也有相关研究。焦海涛、宋广文、潘孝富（2008）等人从管理氛围、教学氛围、学习氛围、人际氛围 4 个层面对中学组织氛围进行测量，研究结果发现中学学校组织氛围对教师工作投入有正向影响关系；论文采用回归分析，进一步发现中学组织氛围的测量维度中人际氛围因子与教师工作投入的活力、奉献及专注因子回归显著；教学氛围和学习氛围还能较好地预测教师工作投入的专注因子。通过以上发现可以得知，学校组织氛围对教师工作投入有一定影响作用。周丽丽（2009）探讨小学组织氛围对教师工作投入的影响，她从领导氛围、人际氛围、物理氛围 3 个层面进行调查，结果发现小学组织氛围各因子与教师工作投入各因子相关显著。具体来看，小学组织氛围在领导氛围因子方面存在城乡差异；教师工作投入存在显著的年龄差异及城乡差异；通过回归分析进一步发现，小学组织氛围中人际氛围因子与教师工作投入回归显著，是教师工作投入的较好预测变量。

杨丹、但菲（2019）以幼儿园为研究主体对象，探讨幼儿园组织氛围与教师工作投入的关系，他们将组织氛围划分为6个层面，分别是园长支持行为、园长监督行为、园长限制行为、教师敬业行为、教师亲密行为、教师疏离行为，通过调查发现幼儿园组织氛围与教师工作投入呈显著正相关。其中，园长支持行为、教师亲密行为和教师敬业行为可以正向预测幼儿园教师工作投入水平。王静等（2020）的调查研究主体换成了支教生，所谓支教，是支援偏远山区中缺乏一定教育资源或师资的中小学，在这些学校从事教育教学或者管理工作，支教的主体基本上都是在校大学生。王静等人的研究对象与先前的研究者虽然不同，但支教生也是从事教育教学或管理工作，是特殊的“教师”。在研究中王静等人将学校组织氛围分为6个层面，分别为支持行为、监督行为、限制行为、同事行为、亲密行为、疏离行为，没有对教师与校长行为进行具体的区分，结果发现学校组织氛围的同事行为、支持行为、亲密行为、监督行为与工作投入之间呈显著正相关，限制行为、疏离行为与工作投入呈显著负相关。

从先行研究结果来看，无论是在管理学领域还是在教育学领域，组织氛围对员工工作投入都有着正向影响作用。从学校组织氛围对教师工作投入的研究看，研究者并未对组织氛围进行具体的描述，关于组织氛围与工作投入的研究也只测量了二者之间的相关关系，并且从调查研究的学校层次来看，大多是幼儿园、中小学校，而缺少对吉林省本科地方高校的研究。本研究以吉林省本科地方高校为调查对象，采用组织氛围开放指数概念，侧重研究学校组织氛围的开放程度对教师工作投入的影响，同时对学校组织氛围对工作投入的径路和影响关系进行更加结构性和细致的分析。

2.5.2 自我效能感与工作投入的关系

国内外已有大量的研究表明，自我效能感对工作投入的预测显著且正向，同时二者之间相互影响。张宇斐、李继平（2015）在医学领域研究护士的自我效能感对工作投入的影响，通过调查研究发现护士自我效能对工作投入有正向预测作用。此外，金师师（2017）也对临床护士自我效能感与工作投入的关系进行研究，研究发现，两者之间存在显著相关关系。李永周（2015）从管理学领域出发，以高新技术企业研发人员为研究对象，他发现随着员工自我效能感的不断提高，个体在工作中所表现出的活力、奉献和专注等状态也会得以提升，自然也会增加个体的自信心，进而促使员工加大工作投入力度。白海燕（2016）的调查研究发现自我效能感对工作投入具有显著的影响，并且工作投入在自我效能感对工作绩效的影响过程中发挥部分中介作用。在尤利娅（2018）的研究中，以俄罗斯员工为调查对象，实证研究结果发现自我效能感和工作投入之间存在正向影响关系。

在教育领域中教师自我效能感对工作投入的影响，研究者也有针对不同类别学校、不同层次教师进行的相关研究。盛建森（2003）通过对432名小学教师进行调查发现，小学教师工作投入与教师教学效能感之间存在显著相关关系；并且个人教学效能感是教师工作投入的有效预测变量，可以通过提高小学教师的教学效能感来提高他们的工作投入。Simbula、Guglielmi和Schaufeli（2011）以意大利教师为研究对象，对教师自我效能感与工作投入进行了三轮研究，研究表明教师自我效能感与工作投入存在显著相关关系。李奎良、李玲（2018）通过对辅导员的调查发现，辅导员的自我效能感和工作投入呈显著正相关，即自我效能感越高，对工作的投入度就越高；并且自我效能感在职业胜任力和工作投入的关系中起部分中介作用。

朱梅（2019）的研究以中学教师为调查对象，在调查中，她还与教师进行了深度访谈，通过访谈，她了解到教师自身已经认识到自我效能感对工作投入有一定影响。在进行相关分析中，统计结果显示教师自我效能感与工作投入呈显著正相关，即自我效能越高的教师，工作投入越高，与之相反，自我效能感越低的教师，其工作投入也越低。通过回归分析进一步发现，教师自我效能感对工作投入有显著的预测作用，教师自我效能可以正向预测工作投入，工作投入的各个维度都与教师自我效能感显著正相关。陈秋珠、许宽（2020）的调查对象是幼儿教师，研究结果发现，幼儿教师自我效能感与工作投入存在显著的正向相关关系，自我效能感是幼儿教师工作投入的重要预测因素，自我效能感在幼儿教师的社会支持与工作投入之间发挥部分中介作用。

从先行研究结果来看，自我效能感对员工工作投入都有正向影响作用，大部分先行研究也对二者进行了回归分析，发现自我效能感对工作投入也有一定的预测性。但是先行研究缺少对地方高校教师的研究，仅有一篇是针对地方高校辅导员的相关研究。本研究以地方高校教职员工为研究对象，对自我效能感与工作投入进行相关分析后，继续详细分析其路径和影响关系。

2.5.3 组织支持感与工作投入的关系

学者在研究中发现组织支持感正向影响员工工作投入。李金波等（2006）在其影响员工工作投入的组织相关因素研究中，发现组织支持感对工作投入有较好的预测效力。曹科岩等（2012）将组织支持感作为中介变量，对广东省高科技企业员工进行问卷调查，结果发现组织支持感正向影响员工工作投入。卢纪华等（2013）在其研究中也得出相同结论。刘华（2011）的研究发现企业员工组织支持感的各个维度均与工作投入有正向相关关系。唐丁（2017）以公安民警为调查研究对象，对山东省临清市和内蒙古自治区的基层公安派出所民警和交警进行研究，证明了组织支持感的 3 个维度对工作投入有显著影响。刘姝玉（2018）在组织支持感对员工工作投入的影响研究中，对黑龙江和南宁地区的民营企业和事业单位近 500 名员工进行了调查，研究发现组织支持感各个维度均与工作投入呈正相关。

关于教育领域的教师组织支持感对工作投入的影响关系，国内也有相关研究。张迪、伍新春（2009）在对中小学教师工作投入的相关研究中，把组织支持感分为工具性支持和情感性支持 2 个维度，研究发现组织支持感 2 个维度均对中小学教师的工作投入有正向预测作用。刘芹仲（2015）以高校教师作为调查研究对象，工作态度作为中介变量，工作投入作为工作态度的下位要素，研究结果表明组织支持感与工作投入呈显著正相关，并且组织支持感通过工作投入对教师工作绩效产生影响。胡维芳、刘慧莲（2016）调查了苏南、苏中地区的 6 所中学 215 名初中教师，发现初中教师的组织支持感与工作投入的相关程度较高，处于中等偏上水平，初中教师的组织支持感与工作投入之间有明显的正相关关系。邹逸、殷玉新（2017）对 356 名中学新教师进行研究，发现组织支持感与工作投入呈正相关关系。吴永奎等（2022）对 H 省 L 市 32 所学校的中学初任教师进行随机调查，结果发现中学初任教师的组织支持感和工作投入均处在中等稍偏上水平，并且组织支持感对工作投入有直接显著影响。白玉萍等（2022）对北京市 1445 名中小学心理教师进行问卷调查，调查结果表明中小学心理教师组织支持感与工作投入之间存在显著正相关关系，说明中小学心理教师组织支持感可以正向影响工作投入。

王旭、谭靖（2018）对河北省 7 所民办本科高校进行研究，验证了民办本科高校教师组织支持感与工作投入的正相关线性关系。张少芳（2019）发现高职教师组织支持感与工作投入存在正相关关系，其中工作投入与价值认同的相关系数最高；同时，高职教师组织支持感可以正向影响和预测工作投入，高职教师组织支持感越高，工作投入越高。林家好（2019）发现高校教师的组织支持感及其各维度和工作投入及其各维度两两之间均存在显著正相关，高校教师的组织支持感各维度对工作投入有显著正向预测作用。赵巾伟（2020）以高校青年教师为调查研究对象，结果发现，组织支持感对高校青年教师的工作投入有正向预测作用，同时积极情绪在组织支持感和工作投入之间起部分中介作用。何朝敏（2022）以广西本科高校教师为调查对象，结果发现高校教师组织支持感略低于中等水平，工作投入处于中等偏上水平，组织支持感对高校教师工作投入有显著正向影响。以上是在高校中探讨组织支持感对教师工作投入的影响。

唐浩、王锐园和周相全（2021）在“公安院校教师工作投入的影响机制研究：有调节的中介模型”中，将公安院校的教师群体作为研究对象，这是教育领域研究的新视角。研究发现，公安院校的教师组织支持感与工作投入之间呈显著正相关。

从先行研究结果来看，组织支持感对于员工工作投入有正向影响作用。先行研究中关于组织支持感与工作投入的关系研究较多，为本研究提供了参考。先行研究对于二者的关系探索多采用回归分析，本研究将研究调查对象锁定为吉林省本科地方高校教师，采用结构方程模型继续探讨组织支持感对工作投入是否有影响。

2.5.4 组织氛围与自我效能感的关系

李佳佳、李瑛（2014）的研究发现，学校组织氛围与教师自我效能感的关系密切，学校组织氛围的一些维度（如专业发展、目标一致性）与教师自我效能感存在显著相关关系，且前者对后者有显著的预测作用。王玲（2022）通过调查发现，民办高校的组织气氛居于中高水平，人际关系良好，学校管理体制呈中等水平；民办高校教师自我效能感居于中等水平，教师自我效能感在学校组织气氛与教师职业倦怠之间起部分中介作用，良好的学校组织气氛能够通过提高教师自我效能感来缓解和预防教师职业倦怠。

在组织氛围和自我效能感的关系研究中，李佳佳、李瑛（2014）以河南省农村中小学教师为调查对象，王玲（2022）以民办高校为研究对象。本研究面向吉林省地方高校，调查对象不仅包括承担教学任务的专任教师，也包括承担行政任务的行政工作人员，侧重研究学校组织氛围的开放性对教职员工自我效能感的影响，并对二者的影响关系进行更细致分析。

2.5.5 组织支持感与自我效能感的关系

王琴（2012）发现组织支持感正向影响自我效能感，自我效能感在组织支持感与工作绩效关系之间发挥中介作用。张传奇（2013）以山东省县公务员为例，发现基层公务员的自我效能感在组织支持感对职业倦怠的影响中发挥着部分中介作用。邹桂元等（2020）发现在医学领域中组织支持感与自我效能感之间呈显著正相关，自我效能感在组织支持感与护理交接班质量间起部分中介作用。张罗琦（2022）发现在教育领域中组织支持感显著正向影响自我效能感，并且自我效能感在组织支持感与高校教师知识共享之间起到中介作用。刘莉莉等（2022）分别将组织支持感和教师自我效能感作为中介作用和调节作用研究教师在校本教研参与过程中其实践性知识的形成，研究发现组织支持感与自我效能感的交互项系数显著，说明自我效能感的调节作用成立，但是二者的交互项系数是复数，说明教师自我效能感与组织支持感的交互项对教师实践性知识具有显著的负向影响，即教师自我效能感越高，组织支持感对教师实践性知识的影响越弱。结合教师教育实际情况来看，我们也可以认识到，自我效能感越高的教师一般会有自己的教学方式和个人发展规划，很少会受到外部环境的影响。

在先行研究中，组织支持感与自我效能感的关系研究大多在护理学及管理学领域，在教育学领域的研究很少，刘莉莉等人的研究也只是将组织支持感和自我效能感作为中介和调节作用研究校本教研参与对教师实践性知识的影响，并没有将二者作为直接影响关系进行研究，本研究将从教育学领域探讨二者之间是否有相互影响关系。

2.5.6 组织氛围、自我效能感与工作投入的关系

胡中慧（2019）通过相关分析和回归分析之后发现，在管理学领域中组织氛围对于员工的工作投入有显著的正向影响，组织氛围的下位要素中

管理风格和人际关系与工作投入下位要素的奉献、活力、专注显著正相关；组织氛围的下位要素中管理风格和人际关系对自我效能感有显著正向影响；自我效能感在组织氛围和工作投入的作用机制中起部分中介作用。陈永侠、徐燕、杨秀木（2020）发现护士组织氛围、一般自我效能感和工作投入三者之间呈现显著相关，通过路径分析可知组织氛围、一般自我效能感对工作投入有直接正向预测作用，并且，一般自我效能感在组织氛围对工作投入的影响中起中介作用。司海艳（2009）通过相关分析和回归分析发现，中学组织气氛、教师教学效能感与工作投入存在显著正相关，同时教师教学效能感在中学组织气氛和工作投入间起着部分中介作用。

从先行研究结果来看，无论是对管理学领域、医学领域还是对教育学领域的研究，组织氛围、自我效能感对员工工作投入都有正向影响作用，但先行研究中只对三者之间进行了相关分析和回归分析，本研究将继续深入构建理论模型，探索三者之间的路径和影响关系。

2.5.7 组织支持感、自我效能感与工作投入的关系

苏梦雪（2014）通过相关路径分析和回归分析发现，组织支持感及其各维度对员工敬业度及其各维度具有显著的正向影响；自我效能感在组织支持感各维度与员工敬业度各维度之间起正向调节作用。舒倩宜（2018）以医护人员为调查对象，研究发现组织支持感对工作投入有重要影响，同时，自我效能水平较高的护理人员往往在工作中的表现更加突出，并能够更自信地与病患沟通，因此，可以更大程度地投入工作。由此可见，自我效能感就是工作投入的有效预测因素。张照（2020）发现导游的自我效能感在人格特质（宜人性、尽责性、开放性）与工作投入之间起中介作用，同时组织支持感调节了人格特质中尽责性与自我效能感之间的关系，且组织支持感越高，二者的正向关系越强。

从先行研究结果来看，组织支持感、自我效能感与员工工作投入之间有正向影响关系。但是相关研究缺少对教育领域方面的探索。本研究将拓

展至教育领域，对三者进行相关分析。

综合上述先行研究来看，学术界对于组织氛围、自我效能感、组织支持感和工作投入的分项研究成果丰硕，为本研究奠定了研究基础。但是大部分研究多偏重于管理学领域，对于教育学领域的研究不多，少数教育领域的研究范围也仅限于幼儿园或中小学，缺少以地方高校教师为研究对象的相关研究，并且在实证分析过程中，多数研究只对各变量间进行了相关分析和回归分析，缺少对各变量间的径路分析和模型检验。基于此，本研究以地方高校范围内教师和行政人员为调查对象，综合研究组织氛围、组织支持感、自我效能感和工作投入 4 个变量的影响关系，并对其进行理论模型验证和具体路径分析，以丰富教育学领域研究成果。

第 3 章　研究方法

3.1　研究模型和研究假说

3.1.1　研究模型

本研究在先行对于学校组织氛围、组织支持感、自我效能感、工作投入的研究基础上，探讨高校组织氛围、组织支持感、自我效能感、工作投入之间的结构关系。通过结构方程分析高校组织氛围、组织支持感、自我效能感对工作投入产生的影响，以及以自我效能感为媒介，学校组织氛围和组织支持感对工作投入产生的间接影响。各变量之间的结构关系研究模型如图 3-1 所示。

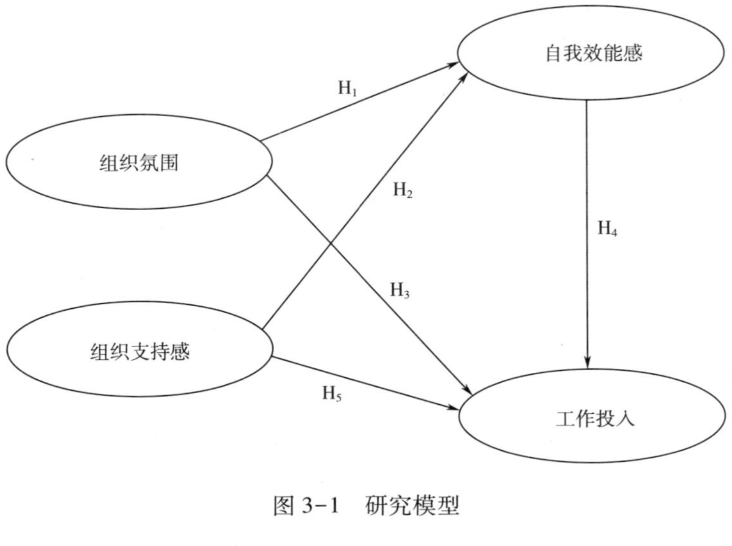

图 3-1　研究模型

3.1.2 研究变量

本研究设定组织氛围、组织支持感、自我效能感、和工作投入 4 个变量。其中组织氛围的维度包括校长行为层面上的支持行为和指示行为，教师行为层面上的投入行为、挫折行为和亲密行为 5 个维度；组织支持感的维度包括工作支持、价值认同和关心利益 3 个维度；自我效能感的维度包括自信感、自我调节效能感、工作难易度喜好 3 个维度；工作投入的维度包括活力、奉献和专注力 3 个维度。因此本研究测定的 4 个研究变量共计 14 个维度。整理本研究的各研究变量和维度如表 3-1 所示。

表 3-1 研究变量和维度

变量	研究变量	测量维度
自变量	组织氛围	支持行为、指示行为、投入行为、挫折行为、亲密行为
	组织支持感	工作支持、价值认同、关心利益
中介变量	自我效能感	自信感、自我调节效能感、工作难易度喜好
因变量	工作投入	活力、奉献、专注力

3.1.3 研究假说设定

3.1.3.1 组织氛围和自我效能感的关系

胡中慧（2019），陈永侠等（2020）在其研究中发现，组织氛围对自我效能感有显著正向影响，并且自我效能感在组织氛围和工作投入的作用关系中存在部分中介作用。司海艳（2009）《中学组织气氛、教师教学效能感与工作投入的关系研究》，证明了中学组织气氛、教师教学效能感与工作投入存在显著正相关，同时教师教学效能感在中学组织气氛和工作投入间起着部分中介作用。李佳佳、李瑛（2014）《农村教师教学效能感现状与学校组织氛围的关系》，发现学校组织氛围对教师教学效能感有正向影响作用，且对其有显著的预测作用。

本研究在结合组织氛围与自我效能感关系的先行研究的基础上提出如下研究假说（H_1）：

H_1 组织氛围与自我效能感存在正相关关系。

3.1.3.2　组织支持感和自我效能感的关系

王琴（2012），张传奇（2013），苏雪梦（2014），张照（2020）在管理学研究领域，舒倩宜（2018），邹桂元等（2020），范家莉等（2020）在护理学领域，证明了组织支持感对自我效能感有正向影响作用，并且将自我效能感作为中介变量证明了其在研究中的中介作用。

本研究在结合组织支持感与自我效能感关系的先行研究的基础上提出如下研究假说（H_2）：

H_2 组织支持感与自我效能感存在正相关关系。

3.1.3.3　组织氛围与工作投入的关系

陈维政、李金平、吴继红（2006），刘晶（2013）和韩燕（2016）等在其研究中证明了组织氛围对于员工工作投入有直接影响作用。焦海涛、宋广文、潘孝富（2008）《中学组织气氛与教师工作投入关系研究》指出中学组织气氛对教师工作投入具有正向影响作用。周丽丽（2009）《小学组织气氛与教师工作投入及其关系研究》，指出小学组织气氛能够很好地预测教师工作投入。杨丹、但菲（2019）《幼儿园组织气氛与教师工作投入的关系研究》，证明了幼儿园组织气氛能够正向预测教师工作投入水平。

本研究在结合组织氛围与工作投入关系的先行研究的基础上提出如下研究假说（H_3）：

H_3 组织氛围与工作投入存在正相关关系。

3.1.3.4　自我效能感与工作投入的关系

张宇斐、李继平（2015），白海燕（2016）和金师师（2017）在其研究中证明了自我效能感对于员工工作投入有直接影响作用。盛建森

(2003)《小学教师工作投入与教师效能感关系的研究》，指出小学教师个人教学效能感是教师工作投入的有效预测变量。李奎良、李玲（2018）《辅导员职业胜任力、自我效能感和工作投入的关系探究》，指出自我效能感与工作投入有显著的正向影响关系。朱梅（2019）《中学教师自我效能感与工作投入的关系——教师成就目标的中介作用》，表明了教师自我效能感与工作投入呈正相关关系。陈秋珠、许宽（2020）《幼儿教师社会支持对工作投入的影响：自我效能感的中介效应》，阐明了幼儿教师自我效能感与工作投入有正向影响关系，同时自我效能感也具有部分中介作用。

本研究在结合组织氛围与工作投入关系的先行研究的基础上提出如下研究假说（H_4）：

H_4 自我效能感与工作投入存在正相关关系。

3.1.3.5 组织支持感与工作投入的关系

刘华（2011）、唐丁（2017）和刘姝玉（2018）在其研究中证明了组织支持感对员工工作投入有积极的正向影响作用。张迪、伍新春(2009)《学生不良行为、组织支持感对中小学教师工作投入的影响研究》，证明了中小学组织支持感对教师工作投入有正向预测作用。胡维芳、刘慧莲（2016）《初中教师组织支持感与工作投入的实证研究》，指出初中教师的组织支持感与工作投入之间有显著正相关关系。王旭、谭靖（2018）《民办高校组织支持感与教师工作投入的相关性分析——以河北省7所民办院校调查为例》，指出了民办高校教师组织支持感与工作投入有正向影响关系。赵巾伟（2020）《高校青年教师组织支持感对工作投入的影响研究——积极情绪的中介作用和个人传统性的调节作用》，证明了组织支持感对高校青年教师的工作投入有正向预测作用。

本研究在结合组织氛围与工作投入关系的先行研究的基础上提出如下研究假说（H_5）：

H_5 组织支持感与工作投入存在正相关关系。

3. 2　研究对象

本研究的研究对象是于吉林省本科高校内工作的全体教师（包括专任教师和行政人员）。目前，吉林省本科高校共 37 所，本研究在 37 所地方高校范围内，以网上发放问卷的方式调查，由教师自愿填写，目的是更好地反映学校的真实情况。本研究预先调查对象是 87 名，正式调查问卷回收 418 份，删除无效问卷后用于正式分析的问卷是 409 份。

本研究综合考虑了学校的层次和类型后选定调查对象学校。调查对象学校层次上包括教育部直属本科高校、省属高校，类型上包括公立地方高校、私立地方高校。调查范围限定于吉林省地区的理由是研究者工作在吉林省，便于回收调查问卷，同时也考虑到吉林省地区本科高校的学校层次和类型都占有适当比例；调查对象限定于学校内全体教师的理由是专任教师承担着学生人才培养和促进学生健康成长的重要职责，行政人员是保障学校教学秩序正常运行的关键，双方的工作对学生培养、学校发展的作用同等重要，并且很多专任教师也兼任行政职务，调查更具有普遍性。本研究调查对象的人口学变量的具体信息如表 3-2 所示。

表 3-2　调查对象的人口学变量具体信息

基本信息		*N*	百分比/%
性别	男性	157	38. 4
	女性	252	61. 6
年龄	20~30 岁	42	10. 3
	31~40 岁	137	33. 5
	41~50 岁	158	38. 6
	51~60 岁	69	16. 9
	61 岁以上	3	0. 7

续表

基本信息		N	百分比/%
学校类型	教育部直属本科高校	108	26.4
	省属重点本科高校	109	26.7
	省属普通本科高校	167	40.8
	民办本科高校	25	6.1
教职经历	5 年以下	66	16.1
	6~10 年	123	30.1
	11~20 年	119	29.1
	21~30 年	60	14.7
	31 年以上	41	10.0
最高学位	学士	63	15.4
	硕士	261	63.8
	博士	85	20.8
工作性质	仅担任专任教师	286	69.9
	仅担任行政人员	52	12.7
	两者兼任	71	17.4

表 3-2 是正式调查对象人口学变量的频率 N 和百分比分析。从表中可以看出：在性别上，男性占 38.4%，女性占 61.6%。从年龄上看，41~50 岁最多，占 38.6%，其次是 31~40 岁占 33.5%，20~30 岁占 10.3%，51~60 岁占 16.9%，61 岁以上占 0.7%。在学校类型上，教育部直属本科高校占 26.4%，省属重点本科高校占 26.7%，省属普通本科高校占 40.8%，省属民办高校占 6.1%。在教职经历上，具有 6~10 年教职经历的教师占比最高，占 30.1%，其次是 11~20 年占 29.1%，5 年以下占 16.1%，21~30 年占 14.7%，31 年以上占 10%。从最高学位上看，硕士人数最多，占 63.8%，其次是博士占 20.8%，学士占 15.4%。从工作性质上看，仅担任专任教师人数最多，占 69.9%，仅担任行政人员占 12.7%，同时承担教学

任务并具有行政职务的教师占 17.4%。

3.3 测量工具

3.3.1 测量工具的选定

本研究的实证检验工作主要通过问卷调查的方式进行。问卷共分 5 部分，第一部分是个人基本信息；第二部分是吉林省高校组织氛围的测量，包括支持行为、指示行为、投入行为、挫折行为、亲密行为 5 个维度；第三部分是吉林省高校组织支持感的测量，包括工作支持、价值认同和关心利益 3 个维度；第四部分是吉林省高校教师自我效能感的测量，包括自信感、自我调节效能感、工作难易度喜好 3 个维度；第五部分是吉林省高校教师工作投入的测量，包括活力、奉献、专注力 3 个维度。

本问卷四个测量工具的所有条目均采用李克特 5 级评分法，由低到高依次为完全不符合（1 分）、比较不符合（2 分）、一般符合（3 分）、比较符合（4 分）、非常符合（5 分）。本研究测量工具的内容寻求了指导教授和博士同学的帮助，对测量工具的题目进行了适当修改和补充。在正式调查之前，为了确保测量工具具有一定的信度和效度，提高调查研究的质量，本研究首先进行了预备调查。预备调查选取了 3 所吉林省地方普通本科院校的 100 名教师为调查研究对象，共计回收有效问卷 87 份。运用 SPSS 22.0 统计学软件对题项内容进行了信度检验。以下是各测量工具的具体内容。

3.3.1.1 人口学变量的测量

本研究内容是具有个人特征的人口统计学变量，包括性别、年龄、学校类型、教职经历、最高学位、工作性质等变量，共 6 个条目。

3.3.1.2 组织氛围测量工具

为了测量学校的组织氛围，本研究测量工具参考了 Kottkamp、Mulhrn、

Hoy（1987）的修订组织气氛描述问卷（OCDQ-RE），在此基础上，对曹玮莹（2013）开发的台湾版学校组织气氛描述问卷进行补充和修改后完成。修改后的学校组织氛围量表包括支持行为、指示行为、投入行为、挫折行为、亲密行为5个维度，共23个题项，其中支持行为5个题项，指示行为5个题项，投入行为5个题项，挫折行为4个题项，亲密行为4个题项。

本研究利用组织氛围的前四个维度计算出组织的开放程度，同时将总得分依照调查结果的全距区分为高、中、低三组，得出组织氛围的开放性范围。本研究的学校组织氛围以测量工具中的得分计算。整体而言，分数越高，表示学校的组织氛围越开放；反之越封闭。换算公式如下：

开放指数=（支持+投入）的分数-（指示+受挫）的分数

根据预备调查结果，删除了不适合的题项后确定了本调查研究的最终题项。组织氛围量表最终的确定题项共15个，其中支持行为4个题项，指示行为3个题项，投入行为3个题项，挫折行为2个题项，亲密行为3个题项。预备调查结果中，组织氛围测量工具的Cronbach's α值为0.789。预备调查组织氛围量表测定题项具体的验证结果如表3-3所示。

表3-3　预备调查组织氛围量表的测量内容和信度

维度	测量题项	因子载荷系数	Cronbach α 系数	
支持行为	领导会主动关心校内教师需求并积极争取教师权益或福利	0.863	0.927	0.789
	领导重视并确实推行各项会议中的决议	0.839		
	领导会公开称赞教师的表现	0.900		
	领导会给教师充分表达意见的机会	0.899		
指示行为	领导公开指责各部门的工作缺失	0.872	0.892	
	领导办事严格按照法令执行，缺乏变通性	0.896		
	领导做决定时不参考他人意见	0.882		

续表

维度	测量题项	因子载荷系数	Cronbach α 系数	
投入行为	教师乐于承担学校安排的工作	0.903	0.953	
	学校推动各项新措施时，教师大都表示支持且配合度很高	0.870		
	在学校各项活动中，教师有一种把事情做好的共识	0.917		
挫折行为	学校各部门之间工作缺乏沟通协调，阻碍行政和教学工作	0.843	0.795	0.789
	教师参加会议时很少给予发言的机会	0.665		
亲密行为	学校教师经常利用闲暇时间开展社交活动，以增进彼此之间的感情	0.829	0.775	
	教师之间经常互相分享家庭琐事和内心想法	0.795		
	教师之间来往密切，互相帮助	0.653		

3.3.1.3 组织支持感测量工具

为了测量教师的组织支持感，本研究测量工具参考了国内组织支持感研究中使用最多的、凌文辁等（2006）开发的测量中国企业员工组织支持感的调查问卷，在此基础上，对赵强（2014）和张少芳（2019）对于教师组织支持感测量的调查问卷进行补充和修改后完成。修正后的组织支持感量表包括工作支持、价值认同和关心利益3个维度共15个题项，其中工作支持有5个题项，价值认同有5个题项，关心利益有5个题项。

根据预备调查结果，删除了不适合的题项后确定了本调查研究的最终题项。组织支持感量表最终的确定题项共11个，其中工作支持5个题项，价值认同2个题项，关心利益4个题项。预备调查结果中，组织支持感测量工具的Cronbach's α 值为0.955。预备调查组织支持感量表测定题项具体的验证结果如表3-4所示。

表 3-4 预备调查组织支持感量表的测量内容和信度

维度	测量题项	因子载荷系数	Cronbach α 系数	
工作支持	学校为我提供了良好的工作条件	0.872	0.944	0.955
	学校为我提供了公平的晋升机会	0.821		
	学校非常支持我参加与工作相关的培训或进修学习	0.696		
	当我在工作上遇到问题时，学校会给予帮助	0.786		
	学校愿意尽力帮助我发挥最大的工作潜能	0.709		
价值认同	如果我提出辞职，学校会挽留我	0.578	0.819	
	学校会适当为我工作中取得的成就而奖励我	0.750		
关心利益	学校会注意到我的不满情绪	0.781	0.912	
	学校在做出对我有影响的决策时会考虑到我的利益	0.857		
	当学校财政充足时会考虑增加我的福利	0.652		
	学校会奖励我的额外劳动付出	0.777		

3.3.1.4 自我效能感测量工具

为了测量教师的自我效能感，本研究测量工具参考了韩国研究者박학서（2017）编制的教师效能感量表。这个量表是根据이현정（1998）开发，김아영、김미진（2004）修订，以及俄亥俄州教师效能感量表（Ohio State Teacher Efficacy Scale，OSTES）的修改和完善制定而成。修改后的自我效能感量表包括自信感、自我调节效能感、工作难易度喜好 3 个维度共 14 个题项。

根据预备调查结果，删除了不适合的题项后确定了本调查研究的最终题项。自我效能感量表最终的确定题项共 11 个，其中自信感 3 个题项，自我调节效能感 4 个题项，工作难易度喜好 4 个题项。预备调查结果中，自我效能感测量工具的 Cronbach's α 值为 0.943。预备调查自我效能感量表测定题项具体的验证结果如表 3-5 所示。

表 3-5 预备调查自我效能感量表的测量内容和信度

维度	测量题项	因子载荷系数	Cronbach α 系数	
自信感	我能够接受学生的不满和意见	0.816	0.878	0.943
	我能冷静地面对困难，因为我相信自己处理问题的能力	0.751		
	我经常鼓励学生，使他们相信自己有能力表现得更好	0.851		
自我调节效能感	我可以根据学生的接受能力调整我的指导方式	0.656	0.908	
	我可以正确判断学生的个人努力	0.68		
	我可以把握学生们对自我学业的关心程度	0.871		
	我可以很好地把握工作中问题产生的原因	0.616		
工作难易度喜好	如果可以选择，我会偏向难度较大的工作	0.659	0.912	
	即使工作量大，我也想要做有意义的工作	0.794		
	面对困难的问题时我会感觉很具有挑战性	0.842		
	指导具有挑战性的大型活动时我会感觉很有意义	0.834		

3.3.1.5 工作投入测量工具

为了测量教职员工的工作投入，本研究测量工具参考了目前国内在工作投入研究中使用最多的 2002 年由 Schaufeli 等编制、2005 年由国内学者张轶文、甘怡群修订的问卷——工作投入量表（Utrecht Work Engagement Scale，UWES），在此基础上，对张少芳（2019）教师工作投入的调查问卷进行补充和修改后完成。修正后的工作投入量表包括活力、奉献和专注力三个维度，共 12 个题项，其中活力 4 个题项，奉献 4 个题项，专注 4 个题项。

根据预备调查结果，删除了不适合的题项后确定了本调查研究的最终题项。工作投入量表最终的确定题项共 10 个，其中活力 2 个题项，奉献 4 个题项，专注力 4 个题项。预备调查结果中，工作投入测量工具的 Cronbach's α 值为 0.935。预备调查工作投入量表测定题项具体的验证结果如表 3-6 所示。

表 3-6　预备调查工作投入量表的测量内容和信度

维度	测量题项	因子载荷系数	Cronbach α 系数	
活力	我可以一次连续工作很长时间	0. 838	0. 821	0. 935
	工作时，即使感到精神疲劳，我也能够很快地恢复	0. 820		
奉献	我觉得我所从事的工作目的明确且很有意义	0. 709	0. 871	
	我对工作充满了热情	0. 823		
	我在工作中会经常提出意见或建议	0. 651		
	我愿意为我的工作付出最大的努力	0. 553		
专注力	在学校工作时，我总觉得时间过得很快	0. 702	0. 895	
	我在工作时会达到忘我的境界，不会受到周围环境的干扰	0. 624		
	当我全身心投入工作时，我会感到快乐	0. 823		
	我感觉到自己已离不开自己的工作	0. 818		

3. 3. 2　测量工具的信度和效度分析

本研究为了检验测量工具的信度和效度，对正式调查问卷进行了分析。具体检验方法和标准如下。

第一，信度分析。信度分析是测量量表收集的结果一致性水平的一种方法，本研究的信度分析主要采用 Cronbach's α 系数，根据相关文献，一般 Cronbach's α 值大于 0. 7 说明测量工具的信度符合要求，Cronbach's α 值越大，表示此测量工具各个题项之间的相关性越好，其内部一致性越高，可以进一步进行分析；若 Cronbach's α 值小于 0. 7，则需要对问卷进行调整或者增加样本量。一般而言，总测量工具的 Cronbach's α 值最好在 0. 7 以上，0. 8 以上表示总测量工具信度效果比较好；而分测量工具的 Cronbach's α 值最好在 0. 6 以上，0. 7 以上表示分测量工具信度效果比较好。

第二，效度分析。本研究采用探索性因子分析进行效度检验。探索因子分析是为了测量量表的结构效度及判断各个潜变量的测量变量是否具有稳定的一致性和结构，是评价量表效度最常用的指标。在探索性因子分析中，采用主成分分析法（Principal Component Analysis）和共同因子分析并以最大方差法正交旋转进行因子旋转。一般情况下，每个测量题项的因子载荷应大于0.5，特征根值（eigenvalue）应大于1；因子载荷小于0.5的题项需要删除。为判断调查样本是否适合进行探索性因子分析，首先要判断其是否满足因子分析的条件，一般需要满足两个条件，即KMO值和Bartlett球形检验符合条件。根据学者的观点，当KMO值越大（越接近1）时，越适合做因子分析，一般情况下KMO值要大于0.6；Bartlett球形检验是对数据进行显著性检验，当显著性水平小于0.05时，适合做因子分析。若满足这两个条件说明观测变量之间有较强的相关性，适合做因子分析。

根据以上判定标准，本研究对调查的数据进行了具体分析，正式调查实施后对各变量测量工具的效度和信度分析结果如下。

3.3.2.1 组织氛围信度和效度分析

表3-7是组织氛围测量工具的信度和效度分析结果。一方面，从信度分析结果看，所有测量题项的内部一致性系数均大于0.8。组织氛围测量工具的Cronbach's α值为0.907，组织氛围的5个维度支持行为（0.904）、指示行为（0.858）、投入行为（0.877）、挫折行为（0.843）、亲密行为（0.853）都达到了期望的信度标准。

另一方面，在组织氛围探索性因子分析中，分析显示组织氛围的KMO值是0.897，Bartlett球形检验结果的显著性水平$P<0.05$。组织氛围的每个因子载荷都大于0.5，各因子的特征根值都大于1.0，所有因子解释的累积方差值是79.7%。所以组织氛围量表以及各维度的信度和效度都达到了可接受的水平。

表 3-7　组织氛围测量工具的信度和效度分析

维度	因子载荷系数	特征根值	方差解释率/%	累积方差解释率/%	Cronbach's α
支持行为	0. 877 0. 858 0. 839 0. 862	3. 163	21. 087	21. 087	0. 904
指示行为	0. 811 0. 809 0. 770	2. 380	15. 864	36. 951	0. 858
投入行为	0. 797 0. 774 0. 830	2. 371	15. 805	52. 756	0. 877
挫折行为	0. 808 0. 849	2. 346	15. 638	68. 394	0. 843
亲密行为	0. 812 0. 806 0. 804	1. 702	11. 344	79. 738	0. 853
KMO = 0. 897　　Bartlett 球形检验 = 3773. 569（P=0. 000）　　Cronbach's α　0. 907（整体）					

3. 3. 2. 2　组织支持感的信度和效度分析

表 3-8 是组织支持感测量工具的信度和效度分析结果。一方面，从信度分析结果看，所有测量题项的内部一致性系数均大于 0. 8。组织支持感测量工具的 Cronbach's α 值为 0. 840，组织支持感的 3 个维度工作支持（0. 839）、价值认同（0. 842）、关心利益（0. 844）都达到了期望的信度标准。

另一方面，在组织支持感探索性因子分析中，分析显示组织支持感的 KMO 值是 0. 839，Bartlett 球形检验结果的显著性水平 $P<0.05$。组织支持

感的每个因子载荷都大于 0.5，各因子的特征根值都大于 1.0，所有因子解释的累积方差值是 68.6%。所以组织支持感量表以及各维度的信度和效度都达到了可接受的水平。

表 3-8　组织支持感测量工具的信度和效度分析

维度	因子载荷系数	特征根值	方差解释率/%	累积方差解释率/%	Cronbach's α
工作支持	0.793 0.734 0.733 0.807 0.768	3.050	27.730	27.730	0.839
价值认同	0.889 0.904	2.758	25.077	52.807	0.842
关心利益	0.815 0.777 0.795 0.808	1.736	15.781	68.588	0.844
KMO = 0.839	Bartlett 球形检验 = 1844.211（P = 0.000）			Cronbach's α	0.840（整体）

3.3.2.3　自我效能感信度和效度分析

表 3-9 是自我效能感测量工具的信度和效度分析结果。一方面，从信度分析结果看，所有测量题项的内部一致性系数均大于 0.8。自我效能感测量工具的 Cronbach's α 值为 0.895，自我效能感的 3 个维度自信感（0.813）、自我调节效能感（0.821）、工作难易度喜好（0.836）都达到了期望的信度标准。

另一方面，在自我效能感探索性因子分析中，分析显示自我效能感的 KMO 值是 0.899，Bartlett 球形检验结果的显著性水平 $P<0.05$。自我效能感的每个因子载荷都大于 0.5，各因子的特征根值都大于 1.0，所有因子解

释的累积方差值是68.3%。所以自我效能感量表以及各维度的信度和效度都达到了可接受的水平。

表3-9　自我效能感测量工具的信度和效度分析

维度	因子载荷系数	特征根值	方差解释率/%	累积方差解释率/%	Cronbach's α
自信感	0.668 0.845 0.831	2.656	24.145	24.145	0.813
自我调节效能感	0.726 0.754 0.698 0.799	2.653	24.122	48.267	0.821
工作难易度喜好	0.728 0.762 0.750 0.783	2.200	19.998	68.265	0.836
KMO=0.899	Bartlett 球形检验=2066.038（P=0.000）		Cronbach's α　0.895（整体）		

3.3.2.4　工作投入信度和效度分析

表3-10是工作投入测量工具的信度和效度分析结果。一方面，从信度分析结果看，所有测量题项的内部一致性系数均大于0.8。工作投入测量工具的Cronbach's α值为0.883，工作投入的各个维度活力（0.825）、奉献（0.891）、专注力（0.833）都达到了期望的信度标准。

另一方面，在工作投入探索性因子分析中，分析显示工作投入的KMO值是0.879，Bartlett球形检验结果的显著性水平$P<0.05$。工作投入的每个因子载荷都大于0.5，各因子的特征根值都大于1.0，所有因子解释的累积方差值是74.3%。所以工作投入量表以及各维度的信度和效度都达到了可接受的水平。

表 3-10 工作投入测量工具的信度和效度分析

维度	因子载荷系数	特征根值	方差解释率/%	累积方差解释率/%	Cronbach's α
活力	0.885 0.865	3.002	30.018	30.018	0.825
奉献	0.834 0.824 0.834 0.815	2.654	26.537	56.555	0.891
专注力	0.810 0.692 0.794 0.788	1.771	17.706	74.261	0.833
KMO=0.879	Bartlett 球形检验=2062.144（P=0.000）				Cronbach's α 0.883（整体）

3.4 分析办法

本研究参考了韩国研究者朴学书（2017）编制的教师效能感量表。这个量表根据韩国学者李贤贞（1998），金雅英和金美真（2004）的研究基础上并结合俄亥俄州教师效能感量表（OSTES）修改、完善制定而成。本研究的数据处理分为四步。

（1）为了解收集的资料的基本情况，实施潜在变量和测定变量的描述性统计分析。

（2）为了解人口学变量与各变量间的差异，实施独立样本 t 检验（t-test）和单因素方差分析（one-way ANOVA）。

（3）为了解各变量间的相关性，实施组织氛围、组织支持感、自我效能感、工作投入之间的相关分析。

（4）为评价结构模型，实施模型的验证和分析，同时分析中介变量在模型中的中介效果。

第 4 章　分析结果和讨论

4.1　测量变量的描述性统计分析

本研究在验证学校组织氛围、组织支持感、自我效能感、工作投入之间构造关系之前对收集的资料进行了描述性统计分析。各研究变量的最大值、最小值、均值、标准差的结果如表 4-1 所示。

表 4-1　测量变量的描述性统计分析结果

测量变量	测量维度	N		最小值	最大值	均值	标准差
		有效	缺失				
组织氛围	支持行为	409	0	1.25	5.00	3.10	1.00
	指示行为	409	0	1.00	5.00	3.55	0.89
	投入行为	409	0	1.00	5.00	3.74	0.89
	挫折行为	409	0	1.00	5.00	3.58	0.91
	亲密行为	409	0	1.33	5.00	3.56	0.84
	整体	409	0	1.47	4.80	3.48	0.68
	开放指数	409	0	-4.92	3.25	-0.29	1.41
组织支持感	工作支持	409	0	1.40	5.00	3.65	0.77
	价值认同	409	0	1.00	5.00	3.53	0.91
	关心利益	409	0	1.25	5.00	3.48	0.92
	整体	409	0	1.64	4.73	3.57	0.64

续表

测量变量	测量维度	N		最小值	最大值	均值	标准差
		有效	缺失				
自我效能感	自信感	409	0	1.00	5.00	3.47	0.84
	自我调节效能感	409	0	1.50	5.00	3.51	0.73
	工作难易度喜好	409	0	1.25	5.00	3.53	0.76
	整体	409	0	1.36	4.82	3.50	0.65
工作投入	活力	409	0	1.00	5.00	3.35	0.94
	奉献	409	0	1.00	5.00	3.38	0.96
	专注力	409	0	1.25	5.00	3.62	0.74
	整体	409	0	1.40	4.90	3.47	0.71

根据表4-1中数据可以看出，组织氛围的各个维度得分在3.10~3.74，以投入行为（3.74）得分最高，其他依次为挫折行为（3.58）、亲密行为（3.56）、指示行为（3.55），而支持行为（3.10）最低。组织氛围测量工具的整体平均得分是3.48。

依据组织氛围开放指数公式计算，组织氛围开放指数最高分为3.25，最低分为-4.92，将此开放指数总得分范围分为高（3.25~0.54）、中（0.53~2.18）、低（-2.19~4.92）三组，本研究中组织氛围开放指数平均值是-0.29，属于中等开放程度，表明吉林省地方高校的组织氛围介于开放型与封闭型之间。

组织支持感的各个维度得分在3.48~3.65，以工作支持（3.65）得分最高，其他依次为价值认同（3.53）、关心利益（3.48）。组织支持感测量工具的整体平均得分是3.57.

自我效能感的各个维度得分在3.47~3.53，以工作难易度喜好（3.53）得分最高，其他依次为自我调节效能感（3.51）、自信感（3.47）。自我效能感测量工具的整体平均得分是3.50。

工作投入的各个维度得分在 3. 35～3. 62，以专注力（3. 62）得分最高，其他依次为奉献（3. 38）、活力（3. 35）。工作投入测量工具的整体平均得分是 3. 47。

4. 2　各变量之间的相关分析

相关分析是研究变量之间的相关特性，通过相关系数的大小衡量变量间的相关程度。相关系数的值可以是-1 至 1 之间的任何值，它的绝对值越接近于 1，变量间的相关性就越强；反之，变量间的相关性越低。当相关系数的值介于 0 和 1 之间时，变量间呈正相关；相关系数的值介于-1 和 0 之间时，变量间呈负相关。本研究选用 Pearson 系数来判断各研究变量间的相关性和相关程度。

组织氛围、组织支持感、自我效能感、工作投入的所有维度间的相关分析结果如表 4-2 所示。从表中可以看出，所有研究变量的维度之间均通过显著性检验，并且相关系数均为正数，说明所有研究变量各维度之间均呈正相关关系。

组织氛围、组织支持感、自我效能感、工作投入整体性相关分析结果如表 4-3 所示。从表中可以看出，各研究变量之间均通过显著性检验，并且相关系数均为正数，说明各研究变量之间均呈正相关关系。

表 4-2　研究变量各维度之间的相关分析

指标		组织氛围					组织支持感			自我效能感			工作投入		
		A1	A2	A3	A4	A5	B1	B2	B3	C1	C2	C3	D1	D2	D3
组织氛围	A1	1													
	A2	0.335 **	1												
	A3	0.352 **	0.570 **	1											
	A4	0.320 **	0.560 **	0.538 **	1										
	A5	0.291 **	0.534 **	0.568 **	0.493 **	1									
组织支持感	B1	0.207 **	0.367 **	0.369 **	0.356 **	0.324 **	1								
	B2	0.257 **	0.247 **	0.292 **	0.258 **	0.259 **	0.217 **	1							
	B3	0.285 **	0.319 **	0.400 **	0.301 **	0.373 **	0.336 **	0.409 **	1						
自我效能感	C1	0.374 **	0.423 **	0.504 **	0.411 **	0.445 **	0.331 **	0.310 **	0.426 **	1					
	C2	0.427 **	0.526 **	0.566 **	0.460 **	0.528 **	0.382 **	0.375 **	0.435 **	0.575 **	1				
	C3	0.368 **	0.462 **	0.496 **	0.406 **	0.462 **	0.325 **	0.312 **	0.404 **	0.560 **	0.588 **	1			
工作投入	D1	0.450 **	0.442 **	0.453 **	0.406 **	0.387 **	0.373 **	0.308 **	0.388 **	0.506 **	0.516 **	0.424 **	1		
	D2	0.375 **	0.429 **	0.472 **	0.414 **	0.507 **	0.381 **	0.387 **	0.559 **	0.523 **	0.597 **	0.586 **	0.428 **	1	
	D3	0.379 **	0.561 **	0.592 **	0.520 **	0.594 **	0.397 **	0.345 **	0.374 **	0.530 **	0.648 **	0.516 **	0.459 **	0.516 **	1

注　* $P<0.05$，** $P<0.01$，*** $P<0.001$。

表 4-3　各研究变量的整体相关分析

指标	相关性	学校组织氛围	组织支持感	自我效能感	工作投入
学校组织氛围	Pearson 相关性	1	0.553**	0.720**	0.761**
	显著性（双侧）		0.000	0.000	0.000
	N	409	409	409	409
组织支持感	Pearson 相关性	0.553**	1	0.585**	0.664**
	显著性（双侧）	0.000		0.000	0.000
	N	409	409	409	409
自我效能感	Pearson 相关性	0.720**	0.585**	1	0.796**
	显著性（双侧）	0.000	0.000		0.000
	N	409	409	409	409
工作投入	Pearson 相关性	0.761**	0.664**	0.796**	1
	显著性（双侧）	0.000	0.000	0.000	
	N	409	409	409	409

注　** 在 0.01 水平（双侧）上显著相关。

4.3　各变量的差异分析

4.3.1　组织氛围的差异分析

本研究为了检验学校不同背景变量在组织氛围中是否存在差异进行了独立样本 *t* 检验（*t*-test）和单因素方差（ANOVA）分析，分析结果如表 4-4 所示。

表 4-4　组织氛围的差异分析检验结果

人口学变量	分类	*N*	均值	标准差	*t*/*F*	*P*	LSD 事后检验
性别	男性	157	3.37	0.72	−2.472	0.014*	—
	女性	252	3.54	0.65			

续表

人口学变量	分类	N	均值	标准差	t/F	P	LSD 事后检验
年龄	20~30 岁（a）	42	3.39	0.71	2.451	0.046*	c>d
	31~40 岁（b）	137	3.46	0.63			
	41~50 岁（c）	158	3.57	0.69			
	51~60 岁（d）	69	3.32	0.70			
	61 岁及以上（e）	3	4.09	0.33			
地方高校类型	教育部直属本科高校	108	3.62	0.69	2.550	0.055	—
	省属重点本科高校	109	3.41	0.65			
	省属普通本科高校	167	3.42	0.69			
	民办本科高校	25	3.53	0.59			
教职经历	5 年以下	66	3.45	0.71	0.593	0.668	—
	6~10 年	123	3.54	0.69			
	11~20 年	119	3.49	0.65			
	21~30 年	60	3.40	0.65			
	31 年及以上	41	3.40	0.73			
最高学位	学士	63	3.40	0.74	1.195	0.149	—
	硕士	261	3.46	0.68			
	博士	85	3.60	0.63			
工作性质	仅担任专任教师（a）	286	3.51	0.66	5.71	0.004**	a>b，c>b
	仅担任行政人员（b）	52	3.19	0.72			
	两者兼任（c）	71	3.55	0.65			

注 * $P<0.05$，** $P<0.01$，*** $P<0.001$。

从表 4-4 中可以看出，教师的性别（$P<0.05$）、年龄（$P<0.05$）、工作性质（$P<0.01$）存在显著性差异。

从性别上看，女性教师平均值 3.54 大于男性教师平均值 3.37（$t=-2.472$，$P<0.05$）。从年龄上看，61 岁以上教师的平均值最高，为 4.09，

接下来是 41～50 岁平均值 3.57，31～40 岁平均值是 3.46，20～30 岁平均值是 3.39，51～60 岁平均值最低，是 3.32（$t=2.451$，$P<0.05$）。并且，LSD 事后检验结果显示，41～50 岁和 51～60 岁教师之间存在显著差异，其他教师之间不存在显著差异。从工作性质上看，同时兼任教学和行政的教师平均值最高，是 3.55，从事教学的教师平均值是 3.51，从事行政的教师平均值最低，是 3.19（$t=5.71$，$P<0.01$）。LSD 事后检验结果显示，从事教学和行政的教师之间、同时兼任教学和行政的教师和从事行政的教师之间存在显著差异，其他教师之间不存在显著差异。

从上述结果看，在性别上，女性教师感知到的学校组织氛围的开放性要高于男性教师，女性教师在工作中更愿意与领导和同事相互交流，更容易受到学校组织氛围的影响。在年龄上，41～50 岁的教师感知到学校组织氛围的开放性要高于 51～60 岁的教师。在工作性质上，从事教学的教师因为工作特点，与同事领导沟通交流的机会相比行政人员少，因此更容易感知到组织氛围的开放性。

4.3.2　组织支持感的差异分析

本研究为了检验不同背景变因在组织支持感中是否存在差异进行了独立样本 t 检验（t-test）和单因素方差（ANOVA）分析，分析结果如表 4-5 所示。

表 4-5　组织支持感的差异分析检验结果

人口学变量	分类	N	均值	标准差	t/F	P	LSD 事后检验
性别	男性	157	3.54	0.66	−0.557	0.578	—
	女性	252	3.58	0.63			
年龄	20～30 岁（a）	42	3.64	0.59	3.652	0.006**	c>d>b
	31～40 岁（b）	137	3.46	0.67			
	41～50 岁（c）	158	3.69	0.60			

续表

人口学变量	分类	N	均值	标准差	t/F	P	LSD 事后检验
年龄	51～60 岁（d）	69	3.44	0.68	3.652	0.006**	c>d>b
	61 岁及以上（e）	3	4.09	0.24			
地方高校类型	教育部直属本科高校	108	3.75	0.61	6.484	0.000***	a>b，c d>b，c
	省属重点本科高校	109	3.45	0.66			
	省属普通本科高校	167	3.49	0.62			
	民办本科高校	25	3.80	0.63			
教职经历	5 年以下	66	3.66	0.62	0.736	0.568	—
	6～10 年	123	3.61	0.63			
	11～20 年	119	3.52	0.68			
	21～30 年	60	3.52	0.61			
	31 年及以上	41	3.53	0.68			
最高学位	学士	63	3.63	0.604	1.877	0.154	—
	硕士	261	3.52	0.67			
	博士	85	3.66	0.58			
工作性质	仅担任专任教师（a）	286	3.58	0.62	7.223	0.001**	a>b， c>b
	仅担任行政人员（b）	52	3.29	0.69			
	两者兼任（c）	71	3.72	0.65			

注　* $P<0.05$，** $P<0.01$，*** $P<0.001$。

从表 4-5 中可以看出，教师的年龄（$P<0.01$）、地方高校类型（$P<0.001$）、教师的工作性质（$P<0.01$）存在显著差异。

从年龄上看，61 岁及以上的教师平均值最高，是 4.09，41～50 岁和 20～30 岁的教师平均值相似，分别是 3.69 和 3.64，31～40 岁和 51～60 岁教师的平均值相似，分别是 3.46 和 3.44（$t=3.652$，$P<0.01$）。LSD 事后检验结果显示，41～50 岁、51～60 岁、31～40 岁教师之间存在显著差异，

其他教师之间不存在显著差异。从地方高校类型上看，民办本科高校的平均值最高，是 3.80，其次是教育部直属本科高校平均值，是 3.75，省属普通本科高校和省属重点本科高校的平均值相似，分别是 3.49 和 3.45（t=6.484，P<0.001）。LSD 事后检验结果显示，教育部直属本科高校与省属重点本科高校和省属普通本科高校之间、民办本科高校与省属重点本科高校和省属普通本科高校之间存在显著差异，其他地方高校类型之间不存在显著差异。从工作性质上看，同时兼任教学和行政的教师平均值最高，是 3.72，从事教学的教师平均值，是 3.58，从事行政工作的教师平均值最低，是 3.29（t=7.223，P<0.01）。LSD 事后检验结果显示，从事教学和行政的教师之间、同时兼任教学和行政的教师与从事行政的教师之间存在显著差异，其他教师之间不存在显著差异。

从上述结果看，41～50 岁教师感知到的组织支持感最高，此年龄段的教师因生活及工作方面会更加关注学校对自身工作提供的支持。在学校类型上，教育部直属本科高校教师感知到的组织支持感要高于省属重点本科高校和普通高校，说明层次越高的学校对教师的支持也越高。民办本科高校教师感知到的组织支持感要高于省属重点本科高校和普通高校，民办本科高校在对于教师的关注和办学条件上要高于公办本科高校，因此教师感知到的组织支持感也相比更高。在工作性质上，地方高校的主要办学目的就是培养高级专门人才，因此在教学方面的投入和支持相对较多，所以从事教学工作的教师感知到的组织支持感也较高。

4.3.3　自我效能感的差异分析

本研究为了检验不同背景变因在自我效能感中是否存在差异进行了独立样本 t 检验（t-test）和单因素方差（ANOVA）分析，分析结果如表 4-6 所示。

表 4-6　自我效能感的差异分析检验结果

人口学变量	分类	N	均值	标准差	t/F	P	LSD 事后检验
性别	男性	157	3. 45	0. 71	-1. 282	0. 201	—
	女性	252	3. 54	0. 62			
年龄	20~30 岁（a）	42	3. 56	0. 66	1. 705	0. 148	—
	31~40 岁（b）	137	3. 45	0. 63			
	41~50 岁（c）	158	3. 55	0. 65162			
	51~60 岁（d）	69	3. 43	0. 70044			
	61 岁及以上（e）	3	4. 24	0. 29223			
地方高校类型	教育部直属本科高校	108	3. 66	0. 66415	4. 322	0. 005 **	a>b，c c>d
	省属重点本科高校	109	3. 46	0. 64069			
	省属普通本科高校	167	3. 40	0. 65339			
	民办本科高校	25	3. 68	0. 54363			
教职经历	5 年以下	66	3. 58	0. 60676	0. 813	0. 517	—
	6~10 年	123	3. 54	0. 67688			
	11~20 年	119	3. 44	0. 63068			
	21~30 年	60	3. 43	0. 656			
	31 年及以上	41	3. 56	0. 73093			
最高学位	学士	63	3. 51	0. 70715	0. 167	0. 847	—
	硕士	261	3. 49	0. 65511			
	博士	85	3. 54	0. 61902			
工作性质	仅担任专任教师（a）	286	3. 54	0. 64356	3. 914	0. 021 *	a>b， c>b
	仅担任行政人员（b）	52	3. 27	0. 65924			
	两者兼任（c）	71	3. 55	0. 66981			

注　* $P<0.05$，** $P<0.01$，*** $P<0.001$。

从表4-6中可以看出，地方高校类型（$P<0.01$）、教师的工作性质（$P<0.05$）存在显著差异。

从地方高校类型上看，民办本科高校和教育部直属本科高校的平均值相似，分别是3.68和3.66，其次是省属重点本科高校平均值是3.46，省属普通本科高校的平均值是3.40（$t=4.322$，$P<0.001$）。LSD事后检验结果显示，教育部直属本科高校与省属重点本科高校和省属普通本科高校之间、省属普通本科高校与民办本科高校之间存在显著差异，其他地方高校类型之间不存在显著差异。从工作性质上看，同时兼任教学和行政的教师平均值最高，是3.55，从事教学的教师平均值是3.54，从事行政的教师平均值最低，是3.27（$t=3.914$，$P<0.05$）。LSD事后检验结果显示，从事教学和行政的教师之间、同时兼任教学和行政的教师与从事行政的教师之间存在显著差异，其他教师之间不存在显著差异。

从上述结果看，在学校类型中，教育部直属本科高校教师的自我效能感要高于省属重点本科高校和普通高校，说明学校层次越高，教师自我效能感越高。省属普通本科高校教师的自我效能感高于民办本科高校，这或许与国内对于学校类型认识有关，相比民办本科高校，国内更多地关注公办高校。在工作性质上，从事教学的教师的自我效能感要高于行政人员，教学工作大部分面向学生，教师的自我效能感更多的是来自学生方面的反馈，学生学业水平的提高更会极大地增强教师的自我效能感；行政人员的自我效能感多来自领导的反馈，而通常情况下领导对行政人员的工作表现不给予直接评价；同时兼任教学和行政的教师工作中既面向学生，共事的领导和同事相比行政人员也多，自我效能感也会更高。

4.3.4 工作投入的差异分析

本研究为了检验不同背景变因在工作投入中是否存在差异进行了独立样本t检验（t-test）和单因素方差（ANOVA）分析，分析结果如表4-7所示。

表 4-7　工作投入的差异分析检验结果

人口学变量	分类	*N*	均值	标准差	*t/F*	*P*	LSD 事后检验
性别	男性	157	3.43	0.75	-0.992	0.322	—
	女性	252	3.50	0.68			
年龄	20~30 岁（a）	42	3.43	0.70	2.600	0.036*	c>d，e>d>a>b
	31~40 岁（b）	137	3.45	0.66			
	41~50 岁（c）	158	3.56	0.70			
	51~60 岁（d）	69	3.32	0.80			
	61 岁及以上（e）	3	4.30	0.26			
地方高校类型	教育部直属本科高校	108	3.66	0.74	4.232	0.006**	a>b，c
	省属重点本科高校	109	3.42	0.70			
	省属普通本科高校	167	3.37	0.69			
	民办本科高校	25	3.60	0.56			
教职经历	5 年以下	66	3.48	0.68	0.665	0.617	—
	6~10 年	123	3.54	0.75			
	11~20 年	119	3.46	0.62			
	21~30 年	60	3.37	0.76			
	31 年及以上	41	3.44	0.86			
最高学位	学士	63	3.50	0.79	0.309	0.734	—
	硕士	261	3.45	0.70			
	博士	85	3.52	0.69			
工作性质	仅担任专任教师（a）	286	3.51	0.70	5.090	0.007**	a>b，c>b
	仅担任行政人员（b）	52	3.19	0.70			
	两者兼任（c）	71	3.55	0.71			

注　* $P<0.05$，** $P<0.01$，*** $P<0.001$。

从表 4-7 中可以看出，教师的年龄（$P<0.5$）、地方高校类型（$P<$

0.01)、教师的工作性质（$P<0.01$）存在显著差异。

从年龄上看，61 岁及以上的教师平均值最高，是 4.30，其次是 41~50 岁的教师平均值是 3.56，31~40 岁的教师和 20~30 岁的教师平均值相似，分别是 3.45 和 3.53，51~60 岁的教师平均值最低，是 3.32（$t=2.600$，$P<0.05$）。LSD 事后检验结果显示，41~50 岁与 51~60 岁教师之间，61 岁及以上与 51~60 岁、20~30 岁、31~40 岁之间存在显著差异，其他教师之间不存在显著差异。从地方高校类型上看，教育部直属本科高校的平均值最高，是 3.66，其次是民办本科高校的平均值，是 3.60，省属重点本科高校和省属普通本科高校的平均值分别是 3.42 和 3.37（$t=4.232$，$P<0.01$）。LSD 事后检验结果显示，教育部直属本科高校与省属重点本科高校和省属普通本科高校之间存在显著差异，其他地方高校类型之间不存在显著差异。从工作性质上看，同时兼任教学和行政的教师平均值最高 3.55，从事教学的教师平均值 3.51，从事行政工作的教师平均值最低 3.19（$t=5.090$，$P<0.01$）。LSD 事后检验结果显示，从事教学和行政的教师之间、同时兼任教学和行政的教师与从事行政的教师之间存在显著差异，其他教师之间不存在显著差异。

从上述结果看，41~50 岁的教师以及 61 岁及以上的教师相比其他年龄段教师在工作中投入更多，其他年龄段的教师也表现出显著差异，所以整体而言，在工作投入方面，不同年龄段教师的认知还是比较一致的，教师在工作中都有一定积极性。这一结论和方梦凯（2012）的研究结果一致。在学校类型上，教育部直属本科高校的教师工作投入最高，说明教育部直属本科高校对教师的工作要求更高，同时学生的知识水平相比较其他类型地方高校也更高，间接地激励教师加大其对工作的投入。在工作性质上，从事教学的教师在其工作投入上要高于行政人员，教师除了正常的工作时间外，为了提高课堂教学质量，在课后还要认真备课、钻研讲课技巧，无形中加大了任务工作量，同时兼任教学和行政的教师工作任务会更大，自然也会增加其工作投入。

4.4 结构方程模型结果分析

4.4.1 验证性因子分析

本研究在进行结构方程模型分析之前对测量模型进行了验证性因子分析（confirmatory factor analysis，CFA），包括模型的拟合度、聚敛效度和区别效度三个分析步骤。

4.4.1.1 模型拟合度分析

在判断结构方程模型是否成立时，主要通过对一些拟合指标的测算来衡量，其中χ^2/df一般要求小于5，GFI为适配度指数、AGFI为调整的适配度指数、NFI为规准适配指数、TLI为增值适配指数、CFI为比较适配指数，一般要求这些值均大于0.9，表示模型适配能力较好，但是大于0.8表示模型可以接受。RMSEA应小于0.08表示适配能力较好，模型拟合程度较好。以下是各测量工具模型的拟合度分析结果。

①学校组织氛围的拟合度分析：通过表4-8可以看出，χ^2/df值为1.290，小于3；RMSEA为0.027，小于标准水平0.08，说明适配较好。GFI=0.967、AGFI=0.951、NFI=0.973、TLI=0.992、CFI=0.994，所有拟合优度指标均达到通用标准，说明本研究所建立的验证性因子分析模型有效且与回收数据的匹配程度较好（图4-1）。

②组织支持感的拟合度分析：通过表4-9可以看出，χ^2/df值为1.066，小于3；RMSEA为0.013，小于标准水平0.08，说明适配较好。GFI=0.982、AGFI=0.970、NFI=0.977、TLI=0.998、CFI=0.998，所有拟合优度指标均达到通用标准，说明本研究所建立的验证性因子分析模型有效且与回收数据的匹配程度较好（图4-2）。

表 4-8　学校组织氛围模型拟合度分析结果

拟合指标	χ^2/df	GFI	AGFI	NFI	TLI	CFI	RMSEA
参考标准值	$1<\chi^2/df<3$	>0. 9	>0. 9	>0. 9	>0. 9	>0. 9	<0. 08
学校组织氛围	1. 290	0. 967	0. 951	0. 973	0. 992	0. 994	0. 027

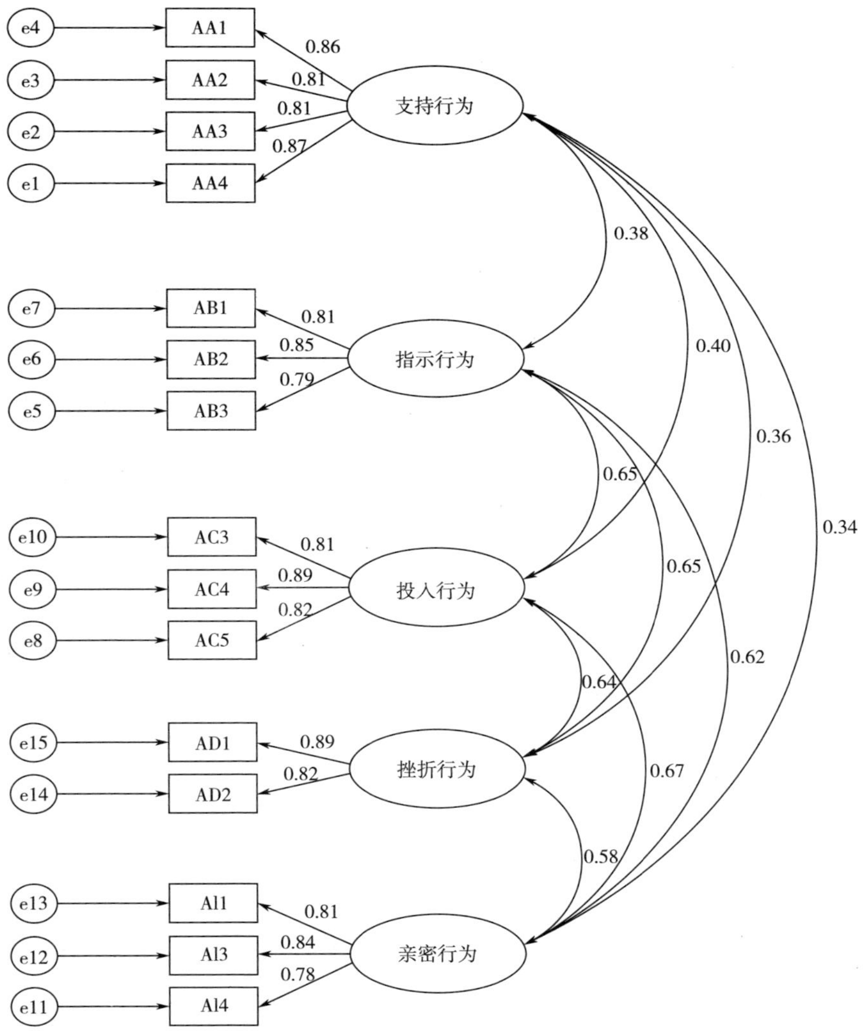

图 4-1　学校组织氛围的拟合度分析

表 4-9 组织支持感模型拟合度分析结果

拟合指标	χ^2/df	GFI	AGFI	NFI	TLI	CFI	RMSEA
参考标准值	$1<\chi^2/df<3$	>0.9	>0.9	>0.9	>0.9	>0.9	<0.08
组织支持感	1.066	0.982	0.970	0.977	0.998	0.998	0.013

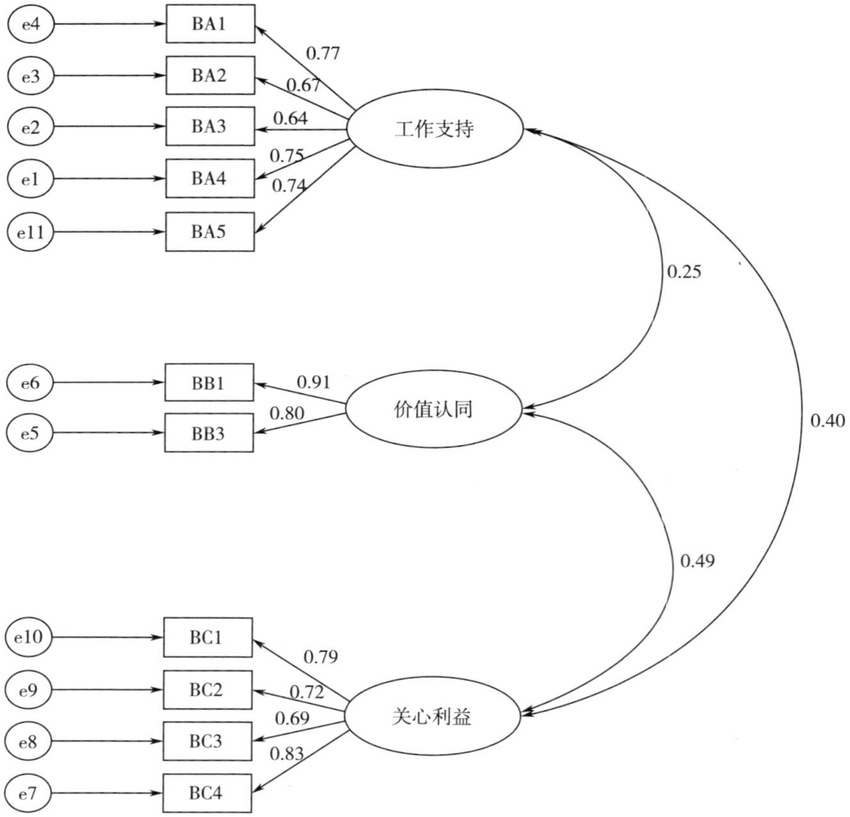

图 4-2 组织支持感的拟合度分析

③自我效能感的拟合度分析：通过表 4-10 可以看出，χ^2/df 值为 1.754，小于 3；RMSEA 为 0.043，小于标准水平 0.08，说明适配较好。GFI=0.971、AGFI=0.953、NFI=0.966、TLI=0.980、CFI=0.985，所有拟合优度指标均达到通用标准，说明本研究所建立的验证性因子分析模型

有效且与回收数据的匹配程度较好（图 4-3）。

表 4-10　自我效能感模型拟合度分析结果

拟合指标	χ^2/df	GFI	AGFI	NFI	TLI	CFI	RMSEA
参考标准值	$1<\chi^2/df<3$	>0.9	>0.9	>0.9	>0.9	>0.9	<0.08
自我效能感	1.754	0.971	0.953	0.966	0.980	0.985	0.043

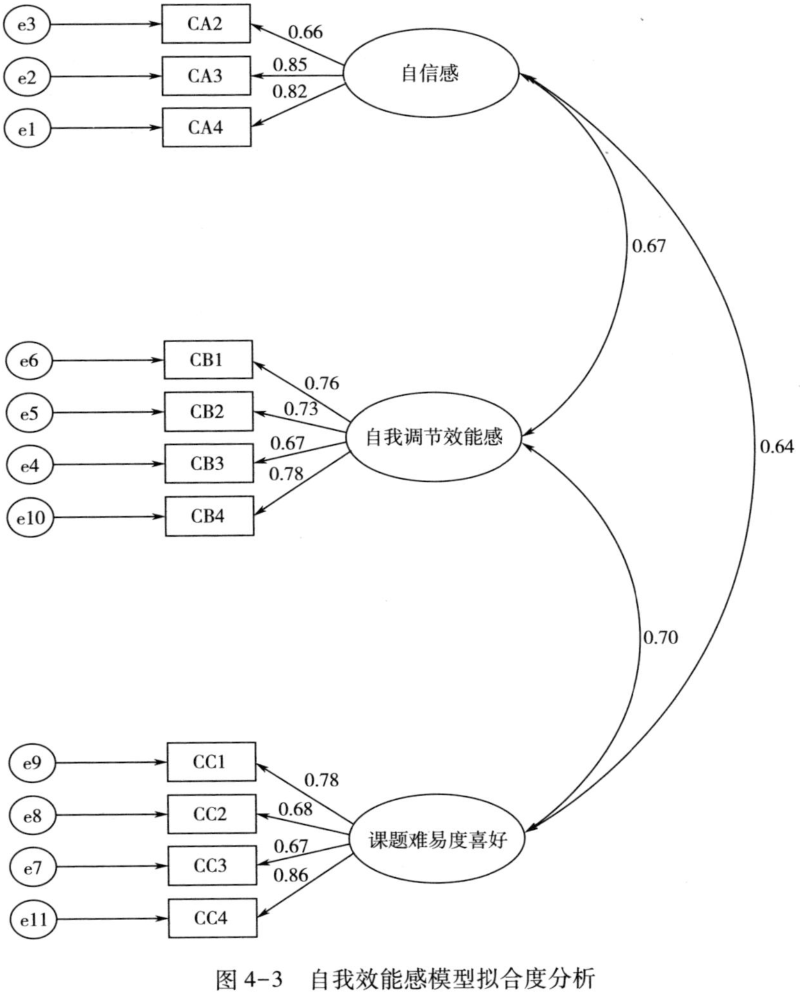

图 4-3　自我效能感模型拟合度分析

④工作投入的拟合度分析：通过表 4-11 可以看出，χ^2/df 值为 1.215，小于 3；RMSEA 为 0.023，小于标准水平 0.08，说明适配较好。GFI = 0.981、AGFI = 0.968、NFI = 0.981、TLI = 0.995、CFI = 0.997，所有拟合优度指标均达到通用标准，说明本研究所建立的验证性因子分析模型有效且与回收数据的匹配程度较好（图 4-4）。

表 4-11　工作投入模型拟合度分析结果

拟合指标	χ^2/df	GFI	AGFI	NFI	TLI	CFI	RMSEA
参考标准值	$1<\chi^2/df<3$	>0.9	>0.9	>0.9	>0.9	>0.9	<0.08
工作投入	1.215	0.981	0.968	0.981	0.995	0.997	0.023

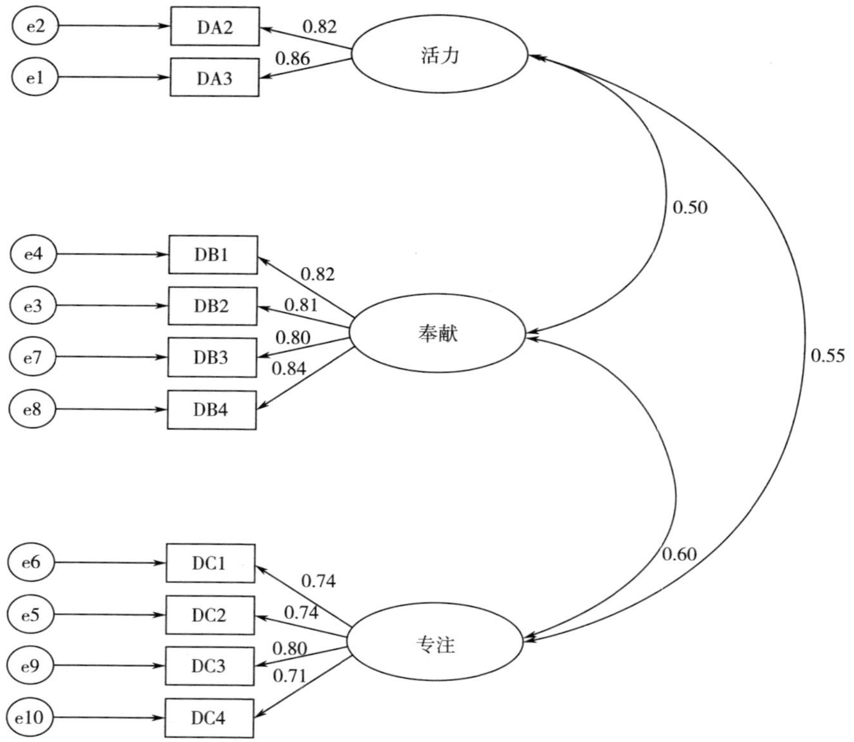

图 4-4　工作投入模型拟合度分析

4.4.1.2　聚敛效度分析

一般而言，对测量模型聚敛效度的检验标准是以标准化因素负荷量为基础，计算出模型的组合信度（construct reliability，CR）和平均方差萃取量（average variance extracred，AVE）。组合信度（CR）是模型内在质量的判别准则之一，反映了每个潜变量中所有测项是否一致性地解释该潜变量，模型组合信度（CR）在 0.8 以上说明每个潜变量中的所有测项都可以一致性地解释该潜变量。各维度的聚敛效度通过平均方差萃取量（AVE值）来反映，AVE 值越大，测量变量被潜在变量解释的变异量百分比越大，相对的测量误差就越小，一般取值要求是在 0.5 以上。以下是各测量工具模型的聚敛效度的分析结果。

①学校组织氛围的聚敛效度分析：通过表 4-12 可以看出，每个题项的标准化因子载荷均大于 0.5，说明每个题项都可以很好地解释其所在的维度。CR 大于 0.7，说明每个潜变量中的所有测项都可以一致性地解释该潜变量；AVE 值均在标准值 0.5 以上，说明本研究量表具有较好的聚敛效度。

表 4-12　组织氛围验证性因子分析结果

题项			标准化因子载荷	S. E.	t	P	CR	AVE
AA4	←	支持行为	0.868				0.904	0.702
AA3	←	支持行为	0.807	0.048	19.911	***		
AA2	←	支持行为	0.812	0.046	20.097	***		
AA1	←	支持行为	0.862	0.047	22.046	***		
AB3	←	指示行为	0.793				0.859	0.670
AB2	←	指示行为	0.850	0.060	17.774	***		
AB1	←	指示行为	0.812	0.059	17.034	***		
AC5	←	投入行为	0.819				0.877	0.704
AC4	←	投入行为	0.886	0.052	20.121	***		
AC3	←	投入行为	0.810	0.055	18.243	***		

续表

题项			标准化因子载荷	S. E.	t	P	CR	AVE
AI4	←	亲密行为	0.782				0.853	0.660
AI3	←	亲密行为	0.841	0.064	17.042	***		
AI1	←	亲密行为	0.813	0.062	16.568	***		
AD2	←	挫折行为	0.822				0.844	0.730
AD1	←	挫折行为	0.886	0.066	16.257	***		

②组织支持感的聚敛效度分析：通过表 4-13 可以看出，每个题项的标准化因子载荷均大于 0.5，说明每个题项都可以很好地解释其所在的维度。CR 大于 0.7，说明每个潜变量中的所有测项都可以一致性地解释该潜变量；AVE 值均在标准值 0.5 以上，说明本研究量表具有较好的聚敛效度。

表 4-13　组织支持感验证性因子分析结果

题项			标准化因子载荷	S. E.	t	P	CR	AVE
BA5	←	工作支持	0.739	0.071	13.836	***	0.840	0.513
BA4	←	工作支持	0.747					
BA3	←	工作支持	0.638	0.069	11.988	***		
BA2	←	工作支持	0.675	0.068	12.673	***		
BA1	←	工作支持	0.774	0.076	14.413	***		
BB3	←	价值认同	0.799				0.845	0.733
BB1	←	价值认同	0.910	0.106	10.553	***		
BC4	←	关心利益	0.835				0.844	0.577
BC3	←	关心利益	0.685	0.053	14.179	***		
BC2	←	关心利益	0.722	0.054	15.077	***		
BC1	←	关心利益	0.787	0.056	16.572	***		

③自我效能感的聚敛效度分析：通过表 4-14 可以看出，每个题项的

标准化因子载荷均大于 0.5，说明每个题项都可以很好地解释其所在的维度。CR 大于 0.7，说明每个潜变量中的所有测项都可以一致性地解释该潜变量；AVE 值均在标准值 0.5 以上，说明本研究量表具有较好的聚敛效度。

表 4-14　自我效能感验证性因子分析结果

题项			标准化因子载荷	S. E.	t	P	CR	AVE
CA4	←	自信感	0.817				0.823	0.611
CA3	←	自信感	0.855	0.064	17.035	***		
CA2	←	自信感	0.660	0.062	13.405	***		
CB4	←	自我调节效能感	0.779	0.092	13.013	***	0.823	0.538
CB3	←	自我调节效能感	0.668					
CB2	←	自我调节效能感	0.726	0.090	12.346	***		
CB1	←	自我调节效能感	0.757	0.097	12.755	***		
CC3	←	课题难易度喜好	0.672				0.838	0.567
CC2	←	课题难易度喜好	0.684	0.084	12.082	***		
CC1	←	课题难易度喜好	0.780	0.088	13.475	***		
CC4	←	课题难易度喜好	0.859	0.093	14.356	***		

④工作投入的聚敛效度分析：通过表 4-15 可以看出，每个题项的标准化因子载荷均大于 0.5，说明每个题项都可以很好地解释其所在的维度。CR 大于 0.7，说明每个潜变量中的所有测项都可以一致性地解释该潜变量；AVE 值均在标准值 0.5 以上，说明本研究量表具有较好的聚敛效度。

表 4-15　工作投入验证性因子分析结果

题项			标准化因子载荷	S. E.	t	P	CR	AVE
DA3	←	活力	0.860				0.825	0.703
DA2	←	活力	0.817	0.076	12.330	***		

续表

题项			标准化因子载荷	S. E.	t	P	CR	AVE
DB2	←	奉献	0.807				0.891	0.671
DB1	←	奉献	0.825	0.057	18.306	***		
DB3	←	奉献	0.804	0.057	17.749	***		
DB4	←	奉献	0.839	0.057	18.701	***		
DC2	←	专注力	0.744				0.835	0.560
DC1	←	专注力	0.738	0.062	13.882	***		
DC3	←	专注力	0.799	0.062	14.875	***		
DC4	←	专注力	0.708	0.064	13.336	***		

4.4.1.3 区别效度

为了检验本研究测量工具的区别效度，本研究将对所有测定变量进行相关分析，通过测定变量的 AVE 值的平方根与各测定变量的相关系数来验证所有测量变量的区别效度。具体的数据分布表如表 4-16 所示。

根据表 4-16 可知，各维度的 AVE 值都大于 0.5，且 AVE 值的平方根大于相关系数，说明量表具有很好的收敛效度和区别效度。

4.4.2 研究模型的结构关系分析

4.4.2.1 研究模型的拟合度验证

模型的合理性检验包括整体适配检验和内在结构适配检验两部分。整体适配检验指的是调查数据是否符合绝对（absolute fit indices）、增值（incremental fit indices）和简明（parsimonious fit indices）3 种适配度的指标。本研究只展示绝对和增值 2 种适配中具有代表性的指标，包括χ^2/df、GFI、AGFI、NFI、TLI、CFI、RMSEA。本研究利用 AMOS 22.0 计算出模型的拟合指标值，然后根据拟合指标统计表中所列出的临界值进行比较分析，具体的模型配适结果如表 4-17 所示。

表 4-16　测量工具的区别效度分析结果

维度	组织氛围					组织支持感			自我效能感			工作投入		
	A1	A2	A3	A4	A5	B1	B2	B3	C1	C2	C3	D1	D2	D3
A1	0.837													
A2	0.335**	0.818												
A3	0.352**	0.570**	0.839											
A4	0.320**	0.560**	0.538**	0.854										
A5	0.291**	0.534**	0.568**	0.493**	0.812									
B1	0.207**	0.367**	0.369**	0.356**	0.324**	0.716								
B2	0.257**	0.247**	0.292**	0.258**	0.259**	0.217**	0.856							
B3	0.285**	0.319**	0.400**	0.301**	0.373**	0.336**	0.409**	0.759						
C1	0.374**	0.423**	0.504**	0.411**	0.445**	0.331**	0.310**	0.426**	0.781					
C2	0.427**	0.526**	0.566**	0.460**	0.528**	0.382**	0.375**	0.435**	0.575**	0.733				
C3	0.368**	0.462**	0.496**	0.406**	0.462**	0.325**	0.312**	0.404**	0.560**	0.588**	0.752			
D1	0.450**	0.442**	0.453**	0.406**	0.387**	0.373**	0.308**	0.388**	0.506**	0.516**	0.424**	0.838		
D2	0.375**	0.429**	0.472**	0.414**	0.507**	0.381**	0.387**	0.559**	0.523**	0.597**	0.586**	0.428**	0.819	
D3	0.379**	0.561**	0.592**	0.520**	0.594**	0.397**	0.345**	0.374**	0.530**	0.648**	0.516**	0.459**	0.516**	0.748
AVE	0.702	0.67	0.704	0.73	0.66	0.513	0.733	0.577	0.611	0.538	0.567	0.703	0.671	0.56

注　** 代表 $p<0.01$，对角线数字是 AVE 值的平方根。

表 4-17　模型拟合指标统计表

구분	χ^2/df	GFI	AGFI	NFI	TLI	CFI	RMSEA
기준	$1<\chi^2/df<3$	>0.9	>0.9	>0.9	>0.9	>0.9	<0.08
연구모형	1.984	0.951	0.928	0.946	0.964	0.972	0.049

通过表 4-17 可以看出，χ^2/df 比值为 1.984，大于 1 且小于 3，满足适配标准。GFI = 0.951、AGFI = 0.928、NFI = 0.946、TLI = 0.964、CFI = 0.972、RMSEA = 0.049，所有结果都满足适配标准，说明模型的拟合度良好，模型能够被接受。

4.4.2.2　潜在变量之间的显著性检验

本研究运用 AMOS 22.0 结构方程统计软件，对模型进行路径系数显著性检验（图 4-5），具体的检验结果如表 4-18 所示。

表 4-18　模型路径系数显著性检验结果统计表

假设路径			标准化系数	S. E.	t	P
自我效能感	←	学校组织氛围	0.557	0.102	5.392	***
自我效能感	←	组织支持感	0.415	0.112	3.681	***
工作投入	←	学校组织氛围	0.247	0.102	2.282	0.022*
工作投入	←	自我效能感	0.543	0.150	3.443	***
工作投入	←	组织支持感	0.335	0.118	2.685	0.007**

注　* $P<0.05$，** $P<0.01$，*** $P<0.001$。

根据表 4-18 可以看出，学校组织氛围对自我效能感的影响路径中标准化系数是 0.557 且 $P<0.001$，说明学校组织氛围对自我效能感有显著的正向影响。因此，学校组织氛围越开放，教师自我效能感越高，研究假说 H_1 得到了支持。

组织支持感对自我效能感的影响路径中标准化系数是 0.415 且 $P<0.001$，说明组织支持感对自我效能感有显著的正向影响。因此，学校给

予教师的组织支持感越高，教师自我效能感越高，研究假说 H_2 得到了支持。

学校组织氛围对工作投入的影响路径中标准化系数是 0.247 且 $P<0.05$，说明学校组织氛围对工作投入有显著的正向影响。因此，学校组织氛围越开放，教师工作投入越高，研究假说 H_3 得到了支持。

自我效能感对工作投入的影响路径中标准化系数是 0.543 且 $P<0.001$，说明自我效能感对工作投入有显著的正向影响。因此，教师自我效能感越高，对工作投入就越高，研究假说 H_4 得到了支持。

组织支持感对工作投入的影响路径中标准化系数是 0.335 且 $P<0.01$，说明组织支持感对工作投入有显著的正向影响。因此，学校给予教师的组织支持感越高，教师工作投入就越高，研究假说 H_5 得到了支持（图 4-5）。

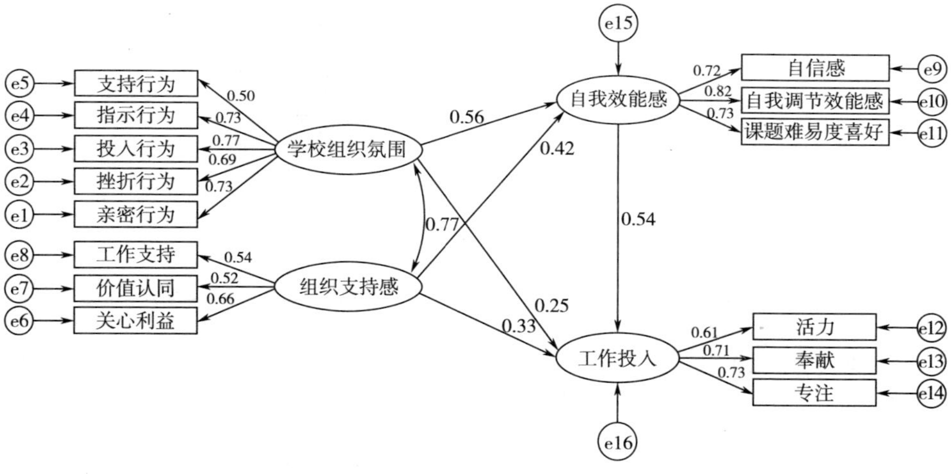

图 4-5　研究模型的路径分析结果

4.4.3 研究假说验证结果

4.4.3.1 研究假说验证

本研究对学校组织氛围、组织支持感、自我效能感、工作投入之间的因果关系设定了 5 条研究假说，并对这 5 条研究假说进行了验证。具体的验证结果如表 4-19 所示。根据研究假设可以分析出，在样本检测中，H_1~H_5 的研究假说得到支持。

表 4-19 研究假说验证结果统计表

研究假说	验证结果
H_1 组织氛围与自我效能感存在正相关关系	成立
H_2 组织支持感与自我效能感存在正相关关系	成立
H_3 组织氛围与工作投入存在正相关关系	成立
H_4 自我效能感与工作投入存在正相关关系	成立
H_5 组织支持感与工作投入存在正相关关系	成立

4.4.3.2 自我效能感的中介效应分析

本研究为了验证自我效能感的媒介效果是否显著，基于 AMOS 软件的 Bootstrap 法进行了中介效应检验，重复 5000 次样本，计算 95%的可信区间。具体的分析结果如表 4-20 所示。

表 4-20 中介效应检验

路径	效应值	下	上	P
学校组织氛围-自我效能感-工作投入（标准化）	0. 302	0. 065	0. 599	0. 018
组织支持感-自我效能感-工作投入（标准化）	0. 225	0. 087	0. 590	0. 010

根据表 4-20 可知，中介路径（学校组织氛围-自我效能感-工作投入）效应值为 0. 302，95%置信上下区间为（0. 065~0. 599）不包含 0，且 P 值小于显著水平 0. 05，说明中介效应存在，即自我效能感在学校组织氛围和工作投入之间存在部分中介效应，故假设成立；中介路径（组织支持感-自我效能感-工作投入）效应值为 0. 225，95%置信上下区间为（0. 087~0. 590）不包含 0，且 P 值小于显著水平 0. 05，说明中介效应存在，即自我效能感在组织支持感和工作投入之间存在部分中介效应，故假设成立。

整体效应值一览表如表 4-21 所示。

表 4-21　效应值一览表

假设路径	直接效应	间接效应	总效应	SMC
学校组织氛围→自我效能感	0.557	0.302	0.879	0.84
组织支持感→自我效能感	0.415	0.225	0.64	
自我效能感→工作投入	0.543	—	0.543	
学校组织氛围→工作投入	0.247	—	0.247	1.14
组织支持感→工作投入	0.335	—	0.335	

4.5　总结和讨论

本研究以吉林省高校为研究对象，在借鉴国内外相关研究成果的基础上，构建了学校组织氛围、组织支持感、自我效能感、工作投入之间的研究模型。通过实证分析，探讨了四个变量之间的构造关系以及自我效能感在学校组织氛围、组织支持感和工作投入之间的中介效应。结合前面的研究结果，本研究综合讨论如下。

4.5.1　吉林省本科高校组织氛围、组织支持感、自我效能感、工作投入的现状分析

根据数据分析结果，学校组织氛围、组织支持感、自我效能感、工作投入的现状讨论如下。

（1）吉林省高校整体学校组织氛围处于中等开放水平。从描述性统计结果来看，学校组织氛围的整体平均分为 3.48，依据组织氛围开放指数公式计算得出，学校组织氛围开放指数是-0.29，介于开放和封闭范围之间，表明吉林省高校学校组织氛围属于中等开放型组织氛围。5 个维度的平均得分：支持行为 3.10、指示行为 3.55、投入行为 3.74、挫折行为 3.58、亲密行为 3.56。这一研究结论与许明仁（2005）、曹玮莹（2013）的研究

结论相一致。在组织氛围的5个层面中，教师所感知到的学校组织氛围以投入行为最高，以支持行为最低，说明教师能够积极地投入工作当中，但是教师感知到的校长方面的支持较少，由此可以建议在工作中，作为学校领导，校长应该多给予教师工作方面的支持和关怀，以给教师工作提供最大的外部支持和条件保障，教师们在工作中感知到领导的支持，工作也会更有干劲，进而会加大工作投入。

（2）吉林省高校教师组织支持感总体处于中等略偏上水平。从描述性统计结果来看，教师组织支持感的整体平均分为3.57，3个维度的平均得分：工作支持3.65、价值认同3.53、关心利益3.48，表明教师组织支持感处于中等偏上水平。这一研究结论与林家好（2019）的研究结论相一致。由此我们可以看出，目前吉林省高校教师所感受到的组织支持感还不是特别高。这或许与我国目前地方高校教育发展现状有着密切关系，我国地方高校虽然伴随经济社会的发展取得了长足的进步，但是由于发展历程短，各方面的体制机制还不完善，对地方高校教师的关注特别是基于心理需求层面的关注还有很多需要加强的地方。地方高校教师各自从事的教学工作专业性较强，然而作为学校管理者需要协调处理的事务繁杂，因此教师在工作支持方面存在着较大的难度。教师管理只是地方高校管理中的一部分，特别是在长期的发展过程中，许多地方高校领导焦点都在办学空间扩展、办学条件改善、办学硬件投入等外延发展上，对涉及广大教师的绩效分配、人文关怀、心理援助等切身利益的关注还不足；另外，受社会多元价值取向的影响，地方高校教师对自身利益产生了更高的期望，很多诉求未能得到有效处理，这或许是关心利益维度得分最低的原因。教师感知的组织支持不高，势必会影响其工作的积极性，进而影响学校的长远发展，因此，作为学校管理者也要及时了解教师的工作需求，加强对教师工作支持的力度和关注。

（3）吉林省高校教师自我效能感总体处于中等水平。从描述性统计结果来看，教师自我效能感的整体平均分为3.50，3个维度的平均得分：

工作难易度喜好3.53、自我调节效能感3.51、自信感3.47，表明教师自我效能感处于中等水平。由此可见，吉林省高校教师自我效能感整体还有待进一步提高。教师在工作难易度喜好和自我调节效能感方面得分较高，说明教师对于自我有一定的肯定，在工作中偏向于挑战难度较大的工作，能够根据工作内容及时调整工作方式。但是由于目前社会对教师的要求越来越高，对教师的评价标准越来越多，对教师专业素质和能力的要求也越来越高，同时在学生方面，其成长发展也是一个复杂的过程，来自学生的教育反馈不能立竿见影，这或许是导致教师自信感得分低的原因。教师的自我效能感一方面来自对自身对工作能力的判断，另一方面来自社会、学生对教师教育工作的反馈。作为教师首先要不断丰富专业知识，加强自身专业素养以提高胜任工作的能力，作为学校也应该对教师的成就给予及时的认可和鼓励，以增强教师的自我效能感。

（4）吉林省高校教师工作投入整体处于中等略偏下水平。从描述性统计结果来看，教师工作投入的整体平均分为3.47，3个维度得分为：专注力3.62、奉献3.38、活力3.35，表明教师工作投入处于中等偏下水平，这一研究结论与魏麟伯（2014）的研究结论相一致。由此可见，地方高校教师的工作投入水平整体不高，其中专注力维度最高、奉献次之，最低的是活力。随着社会经济发展和地方高校教育的改革调整，地方高校教师面临着多种角色冲突。一方面，社会和地方高校给教师附加了更多的工作责任与监督压力；另一方面，由于教师群体的庞大和公益性决定了教师的工资待遇不可能特别高，而教师同样面临着家庭生活压力等难题。因此，地方高校教师出于职业道德和教育情怀的角度，往往会在自己的专业领域和业务范围保持专注度和奉献精神，但是来自社会、家庭、学校、学生、自身成长等各方面的影响导致其难以保持持久的活力。因此，为了提高教师工作投入水平，需要教师个人和学校、家庭、社会等多方面的共同努力。

4.5.2 学校组织氛围、组织支持感、自我效能感、工作投入之间的结构关系

本研究采用结构方程式模型来分析学校组织氛围、组织支持感、自我效能感、工作投入之间的因果关系和影响路径。各变量间的影响关系讨论如下。

（1）学校组织氛围对自我效能感的影响路径中，标准化系数是 0.557 且 $P<0.001$，说明学校组织氛围对自我效能感有显著的正向影响。因此学校组织氛围越开放，教师自我效能感越高，研究假说 H_1 得到了支持。这一研究结论与司海燕（2009）、李佳佳、李瑛（2014）的研究结论相一致。自我效能感反映个体对处理一件事所需的自信程度评价与完成此项工作的基本判断。教师在开放的组织氛围中，能得到工作需要的资源和领导同事的支持，教师之间彼此互相沟通和帮助，形成一种和谐的人际关系，不仅能使工作顺利地进行，还能满足教师心理层次的需求，扩展其与人交往的能力与自信，自我效能感也会相应得到提升。相反，压抑的组织氛围，会抑制教师自我能力与需求的表达，每个人不是单独的存在，需要和人进行交流沟通才有益于其他事物的发展。因此，学校管理者通过改善组织氛围这一方法在提升教师自我效能感方面可以收获较好的成效。

（2）组织支持感对自我效能感的影响路径中，标准化系数是 0.415 且 $P<0.001$，说明组织支持感对自我效能感有显著的正向影响。因此学校给予教师的组织支持感越高，教师自我效能感越高，研究假说 H_2 得到了支持。这一研究结论与王琴（2012）、张传奇（2013）、张照（2020）的研究结论相一致。自我效能感的强弱受到先前经验及周围环境的影响。管理学领域的相关研究表明，具有良好组织支持感的员工对待工作会有更积极的态度，工作绩效提高幅度比较明显，员工工作业绩提高了，自我效能感也随之而提高。教师作为学校组织中的一员，其自我效能感离不开学校组织环境的作用。当教师感知到的学校组织对他们工作上的支持、对他们利

益的关心、对他们价值的认同，也会相应提高自己的工作效率，提升自身的工作能力，进而提升自我效能感。因此，作为学校管理者应该重视组织支持感对教师的积极影响，从组织支持的各方面给予教师足够的关心和认同，以提高教师的自我效能感。

（3）组织氛围对工作投入的影响路径中，标准化系数是 0.247 且 $P<0.05$，说明组织氛围对工作投入有显著的正向影响。因此学校组织氛围越开放，教师工作投入越高，研究假说 H_3 得到了支持。这一研究结论与焦海涛（2008）、刘晶（2013）、韩燕（2016）等的研究结论相一致。教师能否较好地投入工作当中，不仅与其自身的能力及努力程度相关，还与其工作的组织氛围密切相关。May 等的研究发现，同事间的鼓动通过心理暗示对工作投入发生正面影响（司海艳，2009）。开放的组织氛围中，领导的高度支持可以让教师获得更多的工作资源，同时，同事之间互相帮助和关心，更有助于工作任务的顺利完成。因此，作为学校管理者要搭建一些平台让教师之间、教师和部门领导之间可以充分沟通交流，以便教师获得更高的工作支持，相互之间形成良好的人际氛围，进而有效提高教师工作投入，减少工作倦怠，提高教师工作积极性和心理健康水平。

（4）自我效能感对工作投入的影响路径中，标准化系数是 0.543 且 $P<0.001$，说明自我效能感对工作投入有显著的正向影响。因此教师自我效能感越高，对工作投入就越高，研究假说 H_4 得到了支持。这一研究结论与盛建森（2003）、朱梅（2019）等的研究结论相一致。自我效能感高的人会更积极地投入工作，愿意为工作付出努力，遇到问题时会积极思考解决方案。而当问题和困难得到解决和克服时，他当初的效能感就得到了证实，这样就维持了工作动机，促使个体更投入地工作。相反，自我效能感低的人在有关的活动上行为积极性就低，不愿付出过多的努力和采取相应的策略来应付困难并解决问题，这必然导致活动结果不尽如人意，反过来又降低了他的效能感。因此，作为学校管理者可以通过提升教师自我效

能感这一方法以提高教师工作投入。

（5）组织支持感对工作投入的影响路径中，标准化系数是 0.335 且 $P<0.01$，说明组织支持感对工作投入有显著的正向影响。因此学校给予教师的组织支持感越高，教师工作投入就越高，研究假说 H_5 得到了支持。这一研究结论与胡维芳、刘慧莲（2016）、王旭、谭靖（2018）、赵巾伟（2020）的研究结论相一致。Maslach 等（2001）的研究也发现组织支持感是促进新教师入职适应、增加工作投入水平的重要影响因素（林家好，2019）。组织支持感与工作投入的正向关系也验证了社会交换理论的内容。根据社会交换理论，员工感知到的组织愿意和能够互换资源的程度，会影响员工为了组织的利益而作出努力的程度，拥有高质量交换关系的员工有符合工作要求的义务感，会比其他员工更加积极地投身组织期望的行为中。也就是说，组织支持感的水平会影响地方高校教师与学校的交换水平，组织支持感水平较高的教师将表现出更高的工作投入水平。因此，作为学校管理者可以通过各种措施在工作层面、生活层面和心理层面给予教师更多的支持、关心与认同，增强教师的归属感和满足感，提升教师的工作热情、自动奉献精神和主人翁意识，促使教师在工作上投入更多的精力，整体提高学校的教育教学水平和人才培养质量。

从上述分析来看，在学校日常工作中，开放性的学校组织氛围和较高的组织支持能够增强教师的自我效能感，进而提高教师工作投入的积极性。领导在工作中多给予教师支持，少一些指示，让教师之间多进行互相交流和帮助，学校认可教师的工作和价值，多给予教师一些关怀。让教师在开放的组织氛围中，感受到学校的支持，会极大地增强教师的自我效能感进而激励教师加大工作投入。

4.5.3 自我效能感的中介效应

本研究为了验证自我效能感的媒介效果是否显著采用了 Bootstrap 方法，具体讨论如下。

（1）学校组织氛围对工作投入的直接影响效应是 0.247，学校组织氛围以自我效能感为媒介对工作投入的间接影响效应是 0.302，总影响效应是 0.549，自我效能感在学校组织氛围与教师工作投入之间存在部分中介作用。这与司海燕（2009）、胡中慧（2019）、陈永侠（2020）等的研究结果相一致。教师在开放的组织氛围中工作可以更加顺心，工作效率会更高，从而提升自我效能感，同时教师对自身的期望值就会更高，愿意迎接困难与新事物的挑战，全心全意地投身工作当中，从而对学校做出更大的贡献。

（2）组织支持感对工作投入的直接影响效应是 0.335，组织支持感以自我效能感为媒介对工作投入的间接影响效应是 0.225，总影响效应是 0.560，自我效能感在组织支持感与教师工作投入之间存在部分中介作用。这与苏雪梦（2014）的研究结论相一致。具有较高自我效能感的教师在面对学校给予自身的资源的时候，可以更好地感知学校对自己工作的支持以及对自身价值的肯定，并且对自己的个人能力充满信心，从而更努力地工作以回报学校。

根据研究结果，本研究中自我效能感在学校组织氛围与工作投入，组织支持感与工作投入的关系中起到部分中介作用，并且间接产生了很大影响。因此在学校日常工作中，学校管理者应该注意在工作中提高教师自我效能感。自我效能感高的人，对自身的期望值就会更高，他们会努力提高自身的专业性，愿意迎接困难与新事物的挑战，也会加大对工作的投入，从而对学校做出更大的贡献。作为学校，也应该为提高教师自我效能感采取相应的措施。首先，营造一个开放的组织氛围。学校管理者对教师的工作减少一些指导，增强教师主动参与管理的意识，对教师取得的工作成就给予积极鼓励。其次，创造一个良好的学习环境，定期组织教师外出参加培训和交流，以提升教师自身的专业水平，让教师感受到学校对于教师成长方面的支持和关注。

4.5.4 各变量在人口学变量上的差异认识

根据数据分析结果，学校组织氛围、组织支持感、自我效能感、工作投入在人口学变量上的讨论如下。

（1）吉林省高校教师对各变量的整体认识水平平均来看，组织氛围是3.48，组织支持感是3.57，自我效能感是3.50，工作投入是3.47。从整体来看，教师对组织支持感和自我效能感的认识度相对较高，即教师感知到的学校支持和教师自我效能感的认知程度较高。这样的研究结果也与我们的日常认识一致。一方面，在“互惠原则”和“社会交换理论”的理念下，学校已经认识到组织支持对于教师工作投入的重要性，为了激励教师能够更加投入工作当中，学校加强了对他们工作的支持、对他们取得成就的肯定以及对他们利益方面的关心。另一方面，随着教师考核制度的不断健全，教师的素质越来越受到学校重视，从选拔教师到工作岗位考核的要求都越来越高，教师掌握了更多的心理健康知识，在面对工作时能够灵活地进行自我调节，所以教师整体的自我效能感相对偏高。

（2）关于学校组织氛围的认识中，教师的性别、年龄和工作性质存在显著差异。女性教师对于学校组织氛围开放性的认识要高于男性教师。从年龄上看，41~50岁和51~60岁的教师之间存在显著差异。从工作性质上看，从事教学和行政的教师之间，同时兼职教学和行政的教师和从事行政的教师之间存在显著差异。

从上述结果看，在性别上，女性教师感知到学校组织氛围的开放性要高于男性教师，女性教师在工作中相比男性教师更愿意与领导和同事相互交流，更容易受到学校组织氛围的影响。在年龄上，41~50岁的教师感知到学校组织氛围的开放性要高于51~60岁的教师。在41~50岁的很多教师，会在工作中承担一定的工作职务，在工作中与领导、同事交流沟通的机会很多，身为管理者会更加注重组织氛围对教师工作效率的影响，51~

60 岁的教师因为即将退休，更多关注自身工作和家庭生活，与学校同事的关系连接较少，因此，对于组织氛围的感知要低于 41～50 岁的教师。在工作性质上，从事教学的教师在工作中大部分精力都专注于教学，更关注与学生的互动交流，对组织氛围的感知度相对较低，而行政人员在工作中与同事领导共事的时间较长，工作中更易于受到组织氛围的影响，因此从事教学的教师感知到组织氛围的开放性要高于行政人员。为了提高行政人员的工作效率和积极性，学校管理者在工作中要注重营造开放性的组织氛围。

（3）关于组织支持感的认识中，教师的年龄、地方高校类型、教师的工作性质存在显著差异。从年龄上看，41～50 岁、51～60 岁、31～40 岁的教师之间存在显著差异。从高校类型上看，教育部直属本科高校与省属重点本科高校和省属普通本科高校之间，民办本科高校与省属重点本科高校和省属普通本科高校之间存在显著差异。从工作性质上看，从事教学和行政的教师之间，同时兼任教学和行政的教师与从事行政的教师之间存在显著差异。

从上述结果看，在年龄上，41～50 岁的教师感知到的组织支持感最高，其次是 51～60 岁的教师，31～40 岁的教师感知到的组织支持感最低。这一研究结果与国外学者 Beijaard（1995）的研究结果基本吻合，他发现教师的组织支持感会随着年龄的增加而逐渐向更加积极的方向发展。41 岁以上年龄段的教师往往度过了事业的迷茫期，拥有较为丰富的人生阅历与工作能力，生活基本稳定，子女的教育问题基本解决，因此，他们能更加深刻感受到组织给予的认同与支持。而年龄处于 31～40 岁的教师不仅受到事业发展、工作压力、社会交往等各种压力的影响，同时还要背负来自家庭、爱情、婚姻、子女等各方面的压力。在这个过程中很有可能会充斥着各种负面情绪，严重影响了教师对于自身职业的肯定，所以组织支持感较低。在学校类型上，教育部直属本科高校教师感知的组织支持感要高于省属重点本科高校和省属普通本科高校，说明层次越高的学校对教师的支持也越高。与其他类型的地方高校相比，教育部直属本科高校在发展中获得了更多的政府支持，拥有优先发展的政策和资源，因此对于教师在工作上的支持和关注也高于其他类型的高校。民办本科高校教师感知到的组织支持感要高于省属重点本科高校和省属普通本科高校，民办本科高校在对于教师的关注和办学条件上要高于公办地方高校，因此，教师感知到的组织支持感也相对更高。在工作性质上，地方高校的主要办学目的就是培养高级专门人才，因此，在教学方面的投入和支持相对较多，从事教学工作的教师也因此感知到的组织支持感就越高。

（4）在自我效能感的认识中，地方高校类型、教师的工作性质存在显著差异。从地方高校类型上看，教育部直属本科高校与省属重点本科高校和省属普通本科高校之间，省属普通本科高校与民办本科高校之间存在显著差异。从工作性质上看，从事教学和行政的教师之间，同时兼任教学和行政的教师与从事行政的教师之间存在显著差异。

从上述结果看，在学校类型中，教育部直属本科高校教师的自我效能感要高于省属重点本科高校和普通本科高校，说明学校层次越高，教师自我效能感越高。省属普通本科高校教师的自我效能感高于民办本科高校，这或许与国内对于学校类型的认识有关，相比民办本科高校，国内更多关注公办地方高校，这也导致身为民办本科高校的教师的自我效能要低于公办地方高校。在工作性质上，从事教学的教师自我效能感要高于行政人员，教学工作大部分面向学生，教师的感受更多的是来自学生方面的反馈，学生学业水平的提高更会极大地增强教师的自我效能感，行政人员的自我效能感多来自领导的反馈，而很多情况下领导对行政人员的工作表现不给予直接评价，同时兼任教学和行政的教师工作中既面向学生，共事的领导和同事也相比行政人员更多，自我效能感也相对更高。

（5）从工作投入的认识中，教师的年龄、地方高校类型、教师的工作性质存在显著差异。从年龄上看，41～50 岁与 51～60 岁的教师，61 岁及以上与 20~30 岁、31~40 岁、51~60 岁的教师之间存在显著差异。从地方高校类型上看，教育部直属本科高校与省属重点本科高校和省属普通本科高校之间存在显著差异。从工作性质上看，从事教学和行政的教师之间，同时兼任教学和行政的教师与从事行政的教师之间存在显著差异。

从上述结果看，在年龄上，41~50 岁的教师与 61 岁及以上的教师相比其他年龄段教师在工作中投入更多，41 岁以后大部分的教师对工作生活有了新的认识，更加明确了人生的发展方向和工作重心，因此，对自己喜欢的事情更能保持活力和主动奉献的精神。其他年龄段的教师也表现出显著差异，整体而言，在教师工作投入方面，不同年龄段教师的认知还是比较一致的，教师在工作中都有一定的积极性。这一结论和方梦凯（2012）的研究结果一致。在学校类型上，中央部署本科地方高校的教师工作投入最高。与其他类型地方高校相比，中央部署本科地方高校得到了各级政府及教育部门更多的关注及资源支持，工作资源有助于解决教师的需求，使教学工作更容易开展，帮助教师保持高工作投入水平状态。并且学生的知识水平相较其他类型地方高校也会更高，间接地激励教师加大其对工作的投入。在工作性质上，从事教学的教师在其工作投入上要高于行政人员，教师除了正常的工作时间外，为了提高课堂教学质量，在课后还要认真备课、钻研讲课技巧，无形中加大了任务工作量，同时兼任教学和行政的教师工作任务会更大，自然也会加大其工作投入。

第 5 章　结论和建议

5.1　摘要

地方高校本科教育质量决定了国家整体教育体系的水平和质量。中华人民共和国成立以来，我国地方高校教育在办学规模、培养质量、服务能力等方面都实现了历史性的飞跃。在当今教育背景下，我国逐渐开始构建一流地方高校教育体系。建设一流地方高校关键在于不断提高人才培养质量，地方高校教师是教育工作的中坚力量，对学生承担着传授知识、培养能力、塑造正确人生观的职责。因此，对于教师工作投入的研究，不仅是国家政策的导向，更是我国教育事业发展的保障。

地方高校教师工作投入的影响因素主要分为个体因素和组织因素。所谓个体因素一般是指教师自身的认知、能力和动机等。在这一层面，教师在工作中自我效能感对其工作投入具有重要的影响。组织因素一般是指组织氛围、环境、支持等方面所产生的影响。其中学校组织氛围、组织支持感对于教师工作投入的影响至关重要。

因此，本研究分别选取个体因素的自我效能感，以及组织因素的学校组织氛围和组织支持感，探讨其对教师工作投入的影响。其中，学校组织氛围和组织支持感做自变量，自我效能感做中介变量，工作投入做因变量。本研究的目的是阐明学校组织氛围、组织支持感、自我效能感与工作投入之间的构造关系和自我效能感的媒介效应，在此基础上提出为提高地方高校教师工作投入的改善建议。基于此研究目的，本研究提出以下研究问题。

①目前吉林省高校学校组织氛围、组织支持感、自我效能感、工作投入的总体状况是怎样的?

②学校组织氛围、组织支持感、自我效能感、工作投入之间的构造关系是怎样的?

③学校组织氛围对工作投入的直接影响效应是怎样的?组织支持感对工作投入的直接影响效应是怎样的?学校组织氛围对工作投入、组织支持感对工作投入通过自我效能感为中介的间接影响效应是怎样的?

④对于学校组织氛围、组织支持感、自我效能感、工作投入的认识，在人口学变量上（性别、年龄、学校性质、教龄、学历、工作性质）是否有差异?

为了研究以上问题，本研究对吉林省本科地方高校共 409 名教师实施了问卷调查。首先，采用 SPSS 22.0 统计软件对收集的资料实施了变量的描述统计分析、独立样本 t 检验（T-test）、信度分析、探索性因子分析和相关关系分析；其次，采用 AMOS 22.0 统计软件实施了验证性因子分析、结构方程式模型分析和因果关系路径分析。同时，为了验证研究假说，进行了研究模型验证和自我效能感的中介效应验证及教师对各变量的认识差异验证。本研究通过以上研究步骤进行了具体分析，主要验证结果如下。

首先，吉林省高校学校组织氛围、组织支持感、自我效能感、工作投入之间的整体现状如下。

吉林省高校整体学校组织氛围的平均得分是 3.48，依据组织氛围开放指数公式计算得出学校组织氛围开放指数是-0.29，介于开放和封闭范围之间，说明吉林省高校学校组织氛围属于中等开放型组织氛围；组织支持感的平均得分是 3.57，整体教师组织支持感处于中等偏上水平；教师自我效能感的整体平均得分是 3.50，整体教师自我效能感处于中等水平；教师工作投入的整体平均得分是 3.47，整体教师工作投入整体处于中等略偏下水平。

其次，学校组织氛围、组织支持感、自我效能感、工作投入之间的影响路径假说验证结果如下。

学校组织氛围对自我效能感的影响路径中，标准化系数是 0.557 且 $P<0.001$，说明学校组织氛围对自我效能感有显著的正向影响，验证了研究假说 H_1；组织支持感对自我效能感的影响路径中，标准化系数是 0.415 且 $P<0.001$，说明组织支持感对自我效能感有显著的正向影响，验证了研究假说 H_2；学校组织氛围对工作投入的影响路径中，标准化系数是 0.247 且$P<0.05$，说明学校组织氛围对工作投入有显著的正向影响，验证了研究假说 H_3；自我效能感对工作投入的影响路径中，标准化系数是 0.543 且 $P<0.001$，说明自我效能感对工作投入有显著的正向影响，验证了研究假说 H_4；组织支持感对工作投入的影响路径中，标准化系数是 0.335 且 $P<0.01$，说明组织支持感对工作投入有显著的正向影响，验证了研究假说 H_5。

再次，本研究为了验证自我效能感的中介效应是否显著采用了 Bootstrap 方法，验证结果如下。

学校组织氛围对工作投入的直接影响效应是 0.247，自我效能感作为中介效应，学校组织氛围对工作投入的间接影响效应是 0.302，总效应是 0.549。组织支持感对工作投入的直接影响效应是 0.335，自我效能感作为中介效应，组织支持感对工作投入的间接影响效应是 0.225，总效应是 0.560。两条路径的 95%可信上下区间都不包含 0 且 $P<0.05$，说明自我效能感在学校组织氛围和工作投入、组织支持感和工作投入之间存在部分中介作用。

最后，对于学校组织氛围、组织支持感、自我效能感、工作投入的认识，根据人口学变量的认识差异如下。

在学校组织氛围分析结果中，教师的性别、年龄、工作性质存在显著差异。从性别上看，女性教师平均值 3.54 大于男性教师平均值 3.37（$t=-2.472$，$P<0.05$）。从年龄上看，61 岁及以上教师的平均值最高，是 4.09；接下来是 41~50 岁的教师平均值是 3.57；31~40 岁的教师平均值是

3.46；20~30 岁的教师平均值是 3.39；51~60 岁的教师平均值最低，是 3.32（$t=2.451$，$P<0.05$）。从工作性质上看，同时兼职教学和行政的教师平均值最高，是 3.55；从事教学的教师平均值是 3.51；从事行政工作的教师平均值最低，是 3.19（$t=5.71$，$P<0.01$）。

在组织支持感的分析结果中，教师的年龄、吉林省高校类型、教师的工作性质存在显著差异。从年龄上看，61 岁及以上的教师的平均值最高是 4.09；41~50 岁和 20~30 岁的教师平均值相似，分别是 3.69 和 3.64；31~40 岁和 51~60 岁教师的平均值相似，分别是 3.46 和 3.44。从吉林省高校类型上看，民办本科高校的平均值最高，是 3.80；其次是教育部直属本科高校，平均值是 3.75；省属普通本科高校和省属重点本科高校的平均值相似，分别是 3.49 和 3.45。从工作性质上看，同时兼职教学和行政的教师平均值最高，是 3.72；从事教学的教师平均值是 3.58；从事行政工作的教师平均值最低，是 3.29。

在自我效能感的分析结果中，吉林省高校类型、教师的工作性质存在显著差异。从吉林省高校类型上看，民办本科高校和教育部直属本科高校的平均值相似，分别是 3.68 和 3.66；其次是省属重点本科高校，平均值是 3.46；省属普通本科高校的平均值是 3.40。从工作性质上看，同时兼职教学和行政的教师平均值最高，是 3.55；从事教学的教师平均值是 3.54；从事行政工作的教师平均值最低，是 3.27。

在工作投入的分析结果中，教师的年龄、吉林省高校类型、教师的工作性质存在显著差异。从年龄上看，61 岁及以上的教师平均值最高，是 4.30；其次是 41~50 岁的教师平均值是 3.56；31~40 岁和 20~30 岁的教师平均值相似，分别是 3.45 和 3.53；51~60 岁的教师平均值最低，是 3.32。从吉林省高校类型上看，教育部直属本科高校的平均值最高，是 3.66；其次是民办本科高校，平均值是 3.60；省属重点本科高校和省属普通本科高校的平均值分别是 3.42 和 3.37。从工作性质上看，同时兼职教学和行政的教师平均值最高，是 3.55；从事教学的教师平均值是 3.51；从事行政工作的教师平均值最低，是 3. 19。

5.2　结论

本研究通过分析吉林省高校教师的自我效能感、学校组织氛围、组织支持感和工作投入之间的构造关系，来了解学校组织氛围、组织支持感对工作投入的影响，以及把握自我效能感的中介效应，以此为基础提出为提高教师工作投入的改善建议。本研究在通过回顾相关文献的基础上，构建了研究模型，通过调查数据的收集、整理和统计分析，对提出的假设进行验证，具体结论如下。

（1）学校组织氛围越开放，教师自我效能感越高，进而工作投入水平越高。本研究中组织氛围对自我效能感有正向影响，自我效能感对工作投入有正向影响。这说明在特定工作环境中，领导和教师、教师与教师之间形成开放的组织氛围，教师自我效能感随之而增强，进而会加大工作投入。一方面，领导在工作中多给予教师支持，少一些指示，让教师在工作中互相合作沟通，领导和教师相互协作，在组织中营造支持、合作、开放的组织氛围，可以使教师正确的评估自身在组织中所能发挥能力价值的程度，以此更好地发挥自身工作能力，提高教师自我效能感。另一方面，自我效能感高的教师相信自己有能力应对解决工作中的事务与难题，对待工作的态度也更为积极，即使遇到挑战也会努力克服，同时教师在感受到组织所能给予的相对自由的独立自主的空间时，也会更加愿意为学校奉献自身的价值。

（2）教师感知到的组织支持感越强，自我效能感越高，工作投入水平也会越高。本研究中组织支持感对自我效能感有正向影响，组织支持感对工作投入有正向影响。这说明，在工作中，学校对于教师在工作中的支持会对教师自我效能有一定促进作用，教师自我效能感提高也会进一步提高工作投入水平。学校在工作上为教师提供一定的工作资源，并认同教师在工作中的贡献，为教师提供好的工作条件和培训机会，具有较高自我效能感的教师在面对组织给予自身工作资源的时候，可以更好地感知组织对自己工作的支持及对自身价值的肯定，并且对自己的个人能力充满信心，相应地也会提高自我效能感。另外，李永周等（2015）的研究结果表明，自我效能感越高，个体在工作过程中会更具有活力、奉献和专注的良好状态，他们就会通过加大工作投入程度来回报他们从学校中获得的资源。

（3）学校组织氛围越开放，组织支持感越高的话，教师的自我效能感就会提高，教师工作投入水平也会越高。本研究中组织氛围以自我效能感为中介对工作投入有显著影响，同时组织支持感以自我效能感为中介对工作投入有显著影响。这说明，组织氛围更加开放的学校有助于提高教师自我效能感。教师自我效能感的提高会激发教师工作投入的积极性，组织氛围可以通过影响员工的自我效能感，进一步影响其工作投入水平。另外，组织支持感和教师工作投入之间是一个积极互惠的过程，教师会因为感受来自学校的支持，提升自我效能感，自我效能感的提升又会激发教师的积极情绪，进而保持较高的工作投入。

（4）在学校工作中，有必要加强对提高教师工作投入的认识。本研究中教师对各变量的认识依次对应组织支持感、自我效能感、组织氛围、工作投入。这样的研究结果说明，随着国家地方高校教育不断改革发展，地方高校为了增强教育竞争力、提高教育质量，认识到组织支持对于教师工作投入的重要性，因此，学校在工作中给予教师提供较高的支持并重视教师取得的成就，及时给予鼓励，教师对于组织支持感的认识相对较高。相反，教师工作投入认识相对较低。由于地方高校的不断改革调整，教师的工作责任和压力逐渐增大，同时来自学校、学生、自身成长等各方面的影响导致教师难以持续性保持较高水平的工作投入，这或许是教师工作投入认识相对较低的原因。地方高校的长远发展和教育能力的提高与教师工作投入水平密切相关，因此，地方高校有必要加强对提高教师工作投入的认识。

（5）学校组织氛围、组织支持感、自我效能感、工作投入在工作性质人口学变量中都存在显著差异。从事教学的教师在各变量的认识度都要高于从事行政工作的人员。地方高校为了提高人才培养质量和社会竞争力，在运营管理中，对教师工作的支持和关注比行政人员要高。例如，目前很多学校成立教师发展中心，为教师在提升专业知识、提供工作支持等方面加大投入力度，而针对行政人员的培训、学习、生活等方面的投入却很少，这也是导致行政人员认识度低的原因。行政人员是保障学校工作正常进行的基础，其工作的重要性不言而喻，作为学校管理者，要对行政人员在工作、生活方面给予更多的关注和支持。

5.3　建议

本研究通过对吉林省高校教师进行调查研究，在一定程度上阐明了自我效能感学校组织氛围、组织支持感及工作投入之间的构造关系。高校教师的工作投入状况直接影响着学校的办学质量和人才培养水平，因此，政府部门、地方高校和社会各方都要加大支持力度，充分激发他们积极投入教书育人工作中的热情与活力。根据研究结果，为提升教师的工作投入水平提出以下建议。

5.3.1　改善建议

（1）积极塑造尊重、支持、专业、合作、开放的学校组织氛围。学校组织氛围能显示教师、校长及同事间行为的知觉，本研究中，吉林省本科地方高校组织氛围属于中等开放程度，表示仍有改善空间。校长在工作中对教师的工作给予积极鼓励和支持，减少一些干预，尊重教师的工作成就，会增加教师工作投入的积极性；同时，教师之间互助合作、信任的开放型组织氛围也会提高工作效率。例如，学校应减少教师过多的本职工作外的负担，让教师可以专心投入本职工作，对于教师额外的工作适当给予奖励，增强教师工作积极性，对待教师还要有包容性，允许教师在工作过程中的试错行为；教师之间也有必要成立专业学习社群，专业学习社群是由不同或相同专业领域的教师组成的，教师可以进行共同合作及讨论，拟定教学内容、改善教学技巧、提高教学质量；行政人员之间有必要加强部门之间的沟通，互相交流工作心得。除了创建工作交流学习群之外，还可以搭建个体交流平台，组织工会或者党建活动，设立娱乐休息室等，创造教师之间非正式沟通交流机会，通过营造轻松的组织氛围，促进教师们之间的亲密交流，进而增强员工彼此之间的凝聚力和信任度，教师处于开放性的组织氛围中时，也会更容易投身于工作之中。

（2）努力创造为教师提供支持性的工作环境。本研究中，组织支持感对教师工作投入有显著影响，说明教师获得的组织支持感越强烈，越有利于教师加大其工作投入力度，因此，有必要为教师创造支持性的工作环境。为地方高校教师提供支持性的环境要坚持“以人为本”的管理理念，尊重并重视教师的支持需要，定期了解和具体诊断教师的组织支持感水平，关心教师的利益与发展。组织支持理论认为，给予员工合理的报酬、奖励、晋升是组织对员工贡献认可的一种体现，能够有效增强其组织支持感（何朝敏，2022）。因此，高校管理者应该注重关注教师的个人利益，尤其是关注低职称教师的利益待遇，多为教师谋福利；尊重教师的学术劳动和教育劳动成果，认可他们的价值与工作，不将教师视为“工作机器”，积极关注教师的生存体验和发展需求，给予教师足够的人文关怀。例如，建议学校成立教师服务中心，不仅为教师提供工作上的服务，同时也关心教师的生活及心理等精神方面的状况。这种精神上的关心更属于教师组织支持感的重要组成部分。例如，要关注新教师入职适应的问题，新入职教师在教学技能方面会有所欠缺，学校应该针对新入职教师组织教学技能培训，同时还要在人际关系方面给予关怀与照顾，让他们内心有归属感；对年老教师的身体健康要给予慰问，引导教师正确排解工作压力；对家庭困难的教师提供特殊救助，对全校教师分年龄段从不同角度给予关注。把教师服务中心的工作办好，让教师形成有困难就主动寻求服务中心帮助的意识。如此一来，能极大增强教师对学校的认同感、归属感，进而激发教师的内在潜力、主动性和创造精神，增强组织支持感，加大其工作投入。

（3）注重教师培养，增强教师自我效能感。自我效能感是自己对于能否完成某些工作的能力的判断。教师自我效能感无论对于教育工作还是教师自身发展都具有极其重要的意义，是促进教师自主发展的重要内在动力机制，也是教师产生自主工作动机的内在原动力。因此作为学校，应该创造一个良好的学习环境，定期组织一些有针对性的培训，以提升教师的专业素质和工作能力；聘请知名学者到校做学术交流，拓展教师视野；鼓励教师外出培训、交流，促进其自我提升，以不断更新知识，充实和完善自己，提升其工作信心；学校可以建立一个供教师间相互学习和交流的平台，让教师能够自由沟通，对工作中的遇到的难题可以相互交流，从而获得更多的成功经验。作为教师，要努力提高自身抗压能力，遇到困难要学会调整心态、悦纳自己，制定一个适合自己的工作目标，避免因目标不切实际而导致无谓的挫败感，进而增强自我效能感。

（4）加强教师对工作投入的自我认识，提升教师工作投入水平。工作投入是自己对于工作有强烈认同感，并且愿意为工作付出最大努力。首先教师要培养职业热情，激发自己工作的内在动机。教师认识到教育工作的崇高性，对自身工作有强烈的自豪感与认同感，可以激发其对工作的热情与积极性，从而加强工作投入水平；其次教师要培养乐观心态，为激活工作活力注入新能量。拥有乐观主义品质的人，更容易坚持正面的思考方式和具备正面积极的心态，而避免受到负面能量的影响。积极乐观的教师对生活和工作的认知是乐观向上的，可以正确看待挫折和痛苦，因此，更有信心完成工作任务；最后教师要提高自身素养，为工作投入提供原动力。本研究中，教师自我效能感对工作投入有显著影响。作为专任教师，来自学生学习方面的反馈是教师自我效能感的重要影响因素，因此，教师要增强自身专业素质能力，增加自己的知识储备，向优秀的年长教师请教教学技能、技巧，积极参加培训，以提高自身素质，从而在教学中获得更高的成就感，获得学生的认同；作为行政人员也应该努力提高自身工作能力，以获得领导和同事的认同。教师通过在工作中获得的认同，不断增强自我效能感和成就感，进一步提高自己的工作投入水平，真正实现享受工作、积极工作的圆满状态。

5.3.2 后续研究建议

（1）教育领域的测定工具需要进一步创新。本研究采用的4个测量工具都是在先行研究的基础上修改而成的，并且组织支持感、工作投入的测量工具都是针对企业员工编制，缺少符合教育领域的测定工具，后续研究者可以编制更适合本行业实际情况的测定工具，从而为教育行业的相关研究提供更有力的支持，丰富教育者研究的方向，助推我国教育事业的发展。

（2）调查对象的范围还需要扩大。本研究在调查对象方面，由于时间、精力及资源的限制，主要以吉林省本科地方高校教师为研究对象，样本量偏少，统计分析结果易受地域文化、学校差异、个人特质等因素的影响，因此，以后的相关研究可以考虑扩大调查对象范围，将调查对象扩展至东部、中部、西部各地方高校，使研究结果更具有普遍性和代表性。

（3）研究方法还需要丰富。本研究是在某一时间段内进行的问卷调查，采用的是量化研究方法，属于横向研究，只能反映被调查对象当下的态度和看法，不能跟踪了解教师的自我效能感、学校组织氛围、组织支持感和工作投入的动态变化及其影响因素。这些因素会根据时间、环境、心境的变化而发生变化，是一个心理的变化过程量，只采用量化研究方法无法全面将教师内心的想法更真实、更全面地测量出来，今后的研究可以考虑加入质量研究和纵向研究等多种研究方法。

（4）探索更多教师工作投入的影响因素。本研究根据先行研究的成果，归纳出自我效能感、学校组织氛围、组织支持感、工作投入 4 个变量的研究模型。事实上，影响教师工作投入的因素多种多样，包括教师个人特征、家庭因素、学生因素、社会环境因素等。因此，关于教师工作投入的影响因素及相关作用机制的研究，还有待进一步探索与深化。在今后的研究中，可以综合考虑多方面因素，将更多的影响要素纳入研究模型中，以保证研究结果的全面性、合理性与科学性。

参考文献

[1] 白海燕．直销工作人员自我效能感、工作投入与工作绩效关系研究［D］．长沙：湖南师范大学，2016.

[2] 宝贡敏，刘枭．感知组织支持的多维度构思模型研究［J］．科研管理，2011，32（2）：160-168.

[3] 边玉芳．学习自我效能感量表的编制与应用［D］．上海：华东师范大学，2003.

[4] 蔡群青．学校组织气氛对中小学教师创造性教学行为的影响——兼论自我导向学习能力的中介效应［J］．中国人民大学教育学刊，2020，1（1）：118-132.

[5] 曹科岩，宁崴．人力资源管理实践对员工敬业度的影响：组织支持感的中介作用——基于广东省高科技企业的实证研究［J］．科技管理研究，2012，32（5）：174-178.

[6] 曹玮莹．桃园县公立高级中学学校组织气氛与教师行政兼职意愿影响因素之研究［D］．新竹：交通大学，2013.

[7] 曹艳琼．澳门小学学校组织气氛与教师工作满意度之研究［D］．广州：华南师范大学，2002.

[8] 曾晖，赵黎明．企业员工敬业度的结构模型研究［J］．心理科学，2009，32（1）：231-235.

[9] 陈秋珠，许宽．幼儿教师社会支持对工作投入的影响：自我效能感的中介效应［J］．海南师范大学学报（社会科学版），2020，33（3）：58-65.

[10] 陈润龙. 企业员工工作投入问卷的编制 [J]. 商业文化月刊, 2009 (7): 30-31.

[11] 陈胜可. SPSS 统计分析从入门到精通 [M]. 北京: 清华大学出版社, 2010: 8.

[12] 陈松超. 特岗教师组织支持感与任教意愿的现状及对策研究 [D]. 淮北: 淮北师范大学, 2015.

[13] 陈维政, 李金平. 组织气候研究回顾及展望 [J]. 外国经济与管理, 2015, 卷缺失 (8): 18-25.

[14] 陈维政, 李金平, 吴继红. 组织氛围对员工工作投入及组织承诺的影响作用研究 [J]. 管理科学, 2006, 6 (19): 18-23.

[15] 陈永侠, 徐燕, 杨秀木. 护士组织氛围、一般自我效能感对工作投入的影响 [J]. 皖南医学院学报, 2020, 39 (5): 476-478.

[16] 陈泽明, 何山, 李后建. 知识分享模式与企业技术创新能力: 组织氛围的调节作用 [J]. 中国科技论坛, 2013, 212 (12): 78-84.

[17] 陈志霞. 知识员工组织支持感对工作绩效和离职倾向的影响 [D]. 武汉: 华中科技大学, 2006.

[18] 邓硕宁, 张进辅. 组织气氛的结构维度与类型 [J]. 中国组织工程研究与临床康复, 2007, 11 (17): 3401-3403.

[19] 丁国盛, 李涛. SPSS 统计教程: 从研究设计到数据分析 [M]. 北京: 机械工业出版社, 2005.

[20] 段锦云, 王娟娟, 朱月龙. 组织氛围研究: 概念测量、理论基础及评价展望 [J]. 心理科学进展, 2014, 22 (12): 1964-1974.

[21] 范家莉, 方继红, 姚小燕, 等. 儿童医院护士护理研究自我效能与组织支持感的相关性 [J]. 护理学杂志, 2020, 35 (10): 65-67, 82.

［22］范丽群，石金涛，王庆燕．国外组织气氛研究综述［J］．华东经济管理，2006，卷缺失（1）：100-103.

［23］方梦凯．组织气氛与公务员工作投入的关系研究［D］．郑州：河南大学，2011.

［24］郭本禹，姜飞月．自我效能理论及其应用［M］．上海：上海教育出版社，2008.

［25］郝栋．我国高校行政管理存在的问题及对策研究［J］．理论与当代，2009，295（6）：40-42.

［26］何亚天，王文曼．组织氛围、工作体验与知识型员工创新绩效关系研究［J］．河北企业，2018，343（2）：108-109.

［27］侯晓．幼儿教师工作家庭冲突、心理授权与工作投入的关系研究［D］．兰州：西北师范大学，2020.

［28］胡少楠，王詠．投入的概念、测量、前因与后效［J］．心理科学进展，2014，22（12）：1975-1984.

［29］胡维芳，刘慧莲．初中教师组织支持感与工作投入的实证研究［J］．江苏教育，2016（62）：27-30，33.

［30］胡中慧．组织氛围、自我效能感对员工工作投入的实证研究［D］．金华：浙江师范大学，2019.

［31］黄巍．教师的教育有效感述论［J］．西南师范大学学报（人文社会科学版），1992（4）：54-58.

［32］贾殷．组织气氛对员工建言行为的影响［D］．郑州：河南工业大学，2018.

［33］姜树民，刘纯龙，吕文静．关于吉林省高等学校青年教师工作状况的调查分析［J］．现代教育科学，2004，卷缺失（3）：26-28，100.

［34］姜薇薇．员工组织支持感、心理所有权与建言行为关系研究［D］．长春：吉林大学，2014.

[35] 蒋景清．组织气候、组织承诺与组织公民行为关系之研究——以C工厂为例［D］．高雄：中山大学人力资源管理研究所，2002.

[36] 焦海涛，宋广文，潘孝富．中学组织气氛与教师工作投入关系研究［J］．中国健康心理学杂志，2008，16（3）：329-331.

[37] 金师师，丁芳杰，陈洁．临床护士安全、自我效能感和工作投入的相关性研究［J］．医院管理论坛，2017，34（5）：48-51，54.

[38] 赖焱烽，何冰，杨丰，等．临床医学生学习投入、自我效能感与主观幸福感关系研究——以中山大学为例［J］．中国高等医学教育，2018，264（12）：5-6.

[39] 李佳佳，李瑛．农村教师教学效能感现状与学校组织氛围的关系［J］．中国健康心理学杂志，2014，22（7）：1009-1011.

[40] 李佳怡．知觉组织支持对员工工作态度影响之研究［D］．高雄：中山大学人力资源管理研究所，2000.

[41] 李金波，许百华，陈建明．影响员工工作投入的组织相关因素研究［J］．应用心理学，2006（2）：176-181.

[42] 李奎良，李玲．辅导员职业胜任力、自我效能感和工作投入的关系探究［J］．武汉工程职业技术学院学报，2018，30（2）：73-77.

[43] 李敏．中学教师工作投入感研究［D］．上海：华东师范大学，2015.

[44] 李荣生，杨福生．高等教育大众化时期高校办学质量问题分析［J］．江西青年职业学院学报，2012，22（2）：50-52.

[45] 李希贵．普通高中学校组织氛围的诊断研究［D］．天津：天津大学，2011.

[46] 李晓林，娄贺仁，王欣，等．天津互联网从业人员组织支持感、

职业紧张与工作满意度的相关性调查［J］. 中国慢性病预防与控制，2021，29（6）：442-446.

［47］李新翠．中小学教师工作投入与工作量状况调查［J］. 中国特殊教育，2016，191（5）：83-90.

［48］李永周，易倩，阳静宁．积极沟通氛围、组织认同对新生代员工关系绩效的影响研究［J］. 中国人力资源开发，2016，365（23）：23-31.

［49］梁涛．高校辅导员胜任力、自我效能感与工作绩效的关系研究［D］. 武汉：武汉大学，2012.

［50］林碧芳，邱皓政．结构方程模型的原理与应用［M］. 北京：中国轻工业出版社，2009.

［51］林家好．高校教师组织支持感、幸福感与工作投入的关系研究［D］. 福州：福建师范大学，2019.

［52］凌文辁，杨海军，方俐洛．企业员工的组织支持感［J］. 心理学报，2006，38（2）：281-287.

［53］凌文辁，张鼎昆，方俐洛．保险推销员（职业）自我效能感量表的建构［J］. 心理科学，2001（1）：63-67.

［54］刘华，李亚慧．组织支持感对组织信任、工作投入、工作满意感的影响研究［J］. 经济论坛，2011（6）：193-196.

［55］刘金培，朱磊，倪清．组织氛围如何影响知识型员工敬业度：基于工作倦怠的中介效应研究［J］. 心理与行为研究，2018，16（3）：394-401.

［56］刘晶．制造业一线员工工作疏离感、组织氛围和工作投入的关系研究［D］. 南京：南京师范大学，2013.

［57］刘芹仲．高校组织支持感对教师工作绩效的影响研究［D］. 大连：大连理工大学，2015.

［58］刘姝玉．组织支持感对员工工作投入的影响研究［D］. 南宁：

广西大学，2018.
[59] 刘维民，何爽．组织支持研究进展综述［J］．社会心理科学，2009，24（5）：49-53.
[60] 刘真．民航飞行员自我效能感对飞行安全绩效的作用机理研究［D］．西安：陕西师范大学，2016.
[61] 卢纪华，陈丽莉，赵希男．组织支持感、组织承诺与知识型员工敬业度的关系研究［J］．科学学与科学技术管理，2013，34（1）：147-153.
[62] 鲁明辉．特殊学校教师教学效能感及其相关因素研究［D］．上海：华东师范大学，2017.
[63] 罗安娜．研究型大学高层次人才组织支持感、敬业度和工作绩效作用机制研究［D］．武汉：武汉大学，2014.
[64] 马云献．高校组织气氛及其与教师工作绩效的关系研究［D］．郑州：河南大学，2005.
[65] 马占杰．组织氛围与员工职业生涯成功关系的实证研究［J］．管理现代化，2012（5）：87-90.
[66] 潘懋元．规模、速度、质量、特色——中国当前高等教育发展中的若干问题［J］．河北师范大学学报：教育科学版，2007，43（1）：5-12.
[67] 潘孝富，秦启文．中学组织气氛测量及其与教师心理健康的相关分析［J］．心理科学，2007（4）：982-986.
[68] 庞丽娟，洪秀敏．教师自我效能感：教师自主发展的重要内在动力机制［J］．教师教育研究，2005（4）：43-46.
[69] 任金刚．组织文化、组织氛围及员工效能的关系研究——一项微观的探讨［D］．台北：台湾大学，1996.
[70] 邵思源．教师自我效能感研究综述：概念、理论视角与研究主题［J］．考试与评价：大学英语教研版，2016，81（2）：

21-26.

[71] 盛建森．教师工作投入：结构与影响因素的研究［J］．心理发展与教育，2006（2）：108-112.

[72] 史淑桃，程然．组织氛围的研究综述与展望［J］．河南牧业经济学院学报，2021，34（2）：57-62.

[73] 司海燕．中学组织气氛、教师教学效能感与工作投入的关系研究［D］．石家庄：河北师范大学，2009.

[74] 苏文静，张中仪．领导行为、自我效能感与组织氛围的关系研究——以在校大学生创业团队为研究对象［J］．集美大学学报：教育科学版，2017，18（4）：31-36.

[75] 苏雪梦．组织支持感对员工敬业度的影响研究：自我效能感的调节作用［D］．南京：南京邮电大学，2014.

[76] 孙健敏，陆欣欣，孙嘉卿．组织支持感与工作投入的曲线关系及其边界条件［J］．管理科学，2015，28（2）：93-102.

[77] 孙永磊，雷培莉．领导风格、组织氛围与组织创造力［J］．华东经济管理，2018，32（3）：112-118.

[78] 谭小宏．个人与组织价值观匹配对员工工作投入、组织支持感的影响［J］．心理科学，2012，35（4）：973-977.

[79] 汤金宝．中学教师组织支持感对工作满意度、工作压力的作用机制研究［D］．南京：南京航空航天大学，2018.

[80] 唐丁．组织支持感对基层公安民警工作投入的影响研究［D］．北京：中国人民公安大学，2017.

[81] 唐浩，王锐园，周相全．公安院校教师工作投入的影响机制研究：有调节的中介模型［J］．公安学刊：浙江警察学院学报，2021（1）：104-111.

[82] 田学英．情绪调节自我效能感：结构、作用机制及影响因素［D］．上海：上海师范大学，2012.

［83］王才康，胡中锋，刘勇．一般自我效能感量表的信度和效度研究［J］．应用心理学，2001，卷缺失（1）：37-40.

［84］王德晓．组织氛围、工作满意度与员工敬业度关系研究［D］．北京：首都经济贸易大学，2018.

［85］王端旭，洪雁．组织氛围影响员工创造力的中介机制研究［J］．浙江大学学报：人文社会科学版，2011，41（2）：77-83.

［86］王涵．校长教学领导力对教师教学效能感影响的调查研究——学校组织氛围的中介作用［D］．重庆：西南大学，2019.

［87］王静，张婷，琚圆圆．支教生工作投入与学校组织气氛的关系研究［J］．忻州师范学院学报，2020，36（5）：116-120.

［88］王琴．组织支持感、自我效能感与工作绩效的关系研究［D］．杭州：浙江财经大学，2012.

［89］王姝雯．学校氛围的研究综述［J］．当代教育实践与教学研究，2020（7）：243-244.

［90］王巍，闫寒冰，黄小瑞．OMO 教学有多远：从教师自我效能感看在线教学的重难点突破［J］．现代远距离教育，2021（1）：48-55.

［91］王仙雅，林盛，陈立芸，等．组织氛围，隐性知识共享行为与员工创新绩效关系的实证研究［J］．软科学，2014，28（5）：46-47.

［92］王旭，谭靖．民办本科高校组织支持感与教师工作投入的相关性分析——以河北省 7 所民办院校调查为例［J］．科技风，2018（34）：19-20.

［93］王彦峰，秦金亮．幼儿教师工作投入问卷的编制［J］．心理发展与教育，2010，26（5）：534-542.

［94］王桢．团队内工作投入的人际传导机制［J］．心理科学进展，2012，20（10）：1531-1537.

［95］韦官玲．中小学教师工作投入及影响因素的研究［D］．广州：广州大学，2010.

［96］魏军锋．心理授权高校青年教师工作投入影响的实证分析［J］．高等农业教育，2015，286（4）：54-56.

［97］魏叶美，童星．个体特征、学校组织氛围对教师离职倾向的影响研究——基于分层线性回归模型（HLM）的分析［J］．教育理论与实践，2020，40（16）：44-48.

［98］吴明隆．结构方程模型-AMOS的操作与应用［M］．重庆：重庆大学出版社，2009：7.

［99］吴晓亮．个体情绪智力与自我效能感对适应性绩效的影响研究［D］．昆明：昆明理工大学，2014.

［100］肖玮，王剑辉，车文博．军事飞行员职业自我效能感量表的建构［J］．第四军医大学学报，2004（23）：2179-2181.

［101］肖宇佳．组织支持感理论研究综述［J］．东方企业文化，2013（19）：139.

［102］谢荷锋，马庆国．组织氛围对员工非正式知识分享的影响［J］．科学学研究，2007（2）：306-311.

［103］徐朝阳．农村中小学校组织气氛、教师人格特质和教师职业倦怠的现状及关系研究［D］．昆明：云南师范大学，2018.

［104］徐冬冬．高校教师工作投入研究综述与展望［J］．长春教育学院学报，2015，31（11）：106-108.

［105］徐仁辉，扬永年，张昕．公共组织行为学［M］．北京：北京大学出版社，2006.

［106］徐晓锋，车宏生，林绚晖，等．组织支持理论及其研究［J］．心理科学，2005（1）：130-132.

［107］徐艳．企业员工工作投入的问卷编制以及现状调查［D］．苏州：苏州大学，2005.

[108] 徐哲．组织支持与员工满意度相关分析研究［J］．天津商学院学报，2004，24（1）：21-25.
[109] 闫思洁．国有建筑企业组织氛围和员工创新行为关系研究［D］．北京：北京交通大学，2020.
[110] 杨丹，但菲．幼儿园组织气氛与教师工作投入的关系研究［J］．幼儿教育，2019（33）：13-17.
[111] 姚官丽．高校青年教师组织支持感与离职倾向关系研究［J］．科技创业月刊，2015，28（4）：90-92.
[112] 尹静．学校组织气氛研究状况与展望［J］．黑龙江教育（高教研究与评估），2009，819（3）：17-19.
[113] 尤利娅．自我效能感与情商对工作投入和职业满意度的交互影响［D］．哈尔滨：哈尔滨工业大学，2018.
[114] 游小芳．组织气氛对组织公民行为影响的实证研究［D］．厦门：厦门大学，2008.
[115] 俞国良，辛涛，申继亮．教师教学效能感：结构与影响因素的研究［J］．心理学报，1995，27（2）：159-166.
[116] 张传琦．基层公务员自我效能感、组织支持感与职业倦怠关系的研究［D］．南京：南京师范大学，2013.
[117] 张迪，伍新春．学生不良行为、组织支持感对中小学教师工作投入的影响研究［C］．//第十二届全国心理学学术大会论文摘要集，2009（34）.
[118] 张鼎昆，方俐洛，凌文辁．自我效能感的理论及研究现状［J］．心理学动态，1999（1）：11，39-43.
[119] 张国兵．高校教师感知学校组织气氛与职业倦怠所产生情绪关联性研究［J］．职教通讯，2017（19）：18-25.
[120] 张金荣，徐静娴，来微萍．组织氛围对幼儿教师工作绩效的影响：职业承诺与情绪劳动策略的双重中介［J］．湖州师范学院

学报，2020，42（11）：38-47.

［121］张金涛．幼儿教师组织支持感，职业承诺对于离职倾向的影响研究——以工作满意度为中介［D］．南昌：江西科技师范大学，2019.

［122］张立峰．人力资源管理强度对员工敬业度的影响研究——以组织支持感为中介变量［D］．沈阳：辽宁大学，2016.

［123］张瑞春．组织变革中组织气候对工作投入、组织承诺以及工作满足影响的研究——以中国石油公司高雄营业处为例［D］．高雄：中山大学人力资源管理研究所，1998.

［124］张少芳．高职教师组织支持感对工作投入的影响研究［D］．广州：广东技术师范大学，2019.

［125］张轶文，甘怡群．中文版 Utrecht 工作投入量表（UWES）的信效度检验［J］．中国临床心理学杂志，2005，13（3）：268-270，281.

［126］张宇斐，李继平．护士自我效能与工作投入相关性研究［J］．中国护理管理，2015，15（3）：276-279.

［127］张震，马力，马文静．组织气氛与员工参与的关系［J］．心理学报，2002，34（3）：312-318.

［128］章慧敏．变革型领导、组织氛围与工作倦怠的关系研究［D］．淄博：山东理工大学，2019.

［129］赵德乔．高校组织文化对工作投入之影响研究［D］．上海：上海师范大学，2018.

［130］卢长娥，杜学元．幼儿教师组织承诺、工作投入与工作绩效的关系［J］．乐山师范学院学报，2012，27（6）：122-125，5.

［131］周南．新疆普通本科院校教师工作投入研究［D］．乌鲁木齐：新疆师范大学，2018.

[132] 王艳．幼儿园组织气氛与教师工作满意度的关系研究［D］．开封：河南大学，2020.

[133] 武倩．基层公务员组织支持感、组织气氛对工作绩效的影响研究［D］．西安：西安建筑科技大学，2012.

[134] 候媛媛．组织支持感对工作绩效的影响研究［D］．武汉：华中科技大学，2013.

[135] 马西儒，杨波．青少年犯罪矫正的司法社会工作介入——以班杜拉效能理论为基础［J］．辽宁警察学院学报，2020，22（6）：47-51.

[136] 张照．人格特质对导游工作投入的影响：自我效能感的中介作用和组织支持感的调节作用［D］．兰州：西北师范大学，2020.

[137] 金引丽，桂守才．一般自我效能感研究综述［J］．淮北职业技术学院学报，2014，13（2）：33-34，95.

[138] 宗小芸．教师自我效能感研究述评［J］．当代教育论坛（宏观教育研究），2008（7）：91-93，4.

[139] 卢玉娟，宋其辉．试论教师的教学效能感［J］．河北大学成人教育学院学报，2005（1）：21-22，60.

[140] 罗珍．西藏高效教师教学效能感与职业倦怠的关系［D］．长春：东北师范大学，2012.

[141] 杨蓉．中小学教师效能感量表的编制与应用［D］．乌鲁木齐：新疆师范大学，2010.

[142] 赵巾伟．高校青年教师组织支持感对工作投入的影响研究［D］．太原：山西财经大学，2020.

[143] 赵强．高职院校教师组织支持感、工作满意度与组织公民行为的关系研究［J］．重庆高教研究，2014，2（5）：77-82.

[144] 郑莉君，戈兆娇．学校组织气氛研究述评［J］．辽宁师范大学

学报（社会科学版），2009，32（1）：51-54.
［145］周丽丽．小学组织气氛与教师工作投入现状及其关系研究［J］．教育导刊，2009，415（4）：19-21.
［146］周莹．组织支持相关理论研究综述［J］．华东经济管理，2009，23（12）：142-144.
［147］朱梅．教师自我效能感与工作投入的关系［D］．兰州：西北师范大学，2019.
［148］朱艳．中小学教师生涯适应力与职业使命感，工作投入及职业倦怠的关系研究［D］．南京：南京师范大学，2020.
［149］朱瑜．广东地区企业组织气氛因素结构及其与绩效关系研究［D］．广州：暨南大学，2004.
［150］邹桂元，王爱青，徐清芝，等．精神科护士组织支持感与自我效能对交接班质量的影响［J］．中国实用护理杂志，2020，36（26）：2061-2065.
［151］邹逸，殷玉新．新教师组织支持感与工作投入关系的实证研究——以入职适应为中介［J］．教育学术月刊，2017（8）：80-87.
［152］蒋蓉，曾晓，任卓．乡村教师深层情绪劳动与工作满意度的关系：工作投入和心理资本的链式中介作用［J］．教师教育研究，2023，35（2）：56-62.
［153］吴永奎，刘翔，张忠露．中学初任教师组织支持感与工作投入的关系——工作满意度的中介作用［J］．西北成人教育学院学报，2022（6）：50-56.
［154］白玉萍，黄凡，肖晶．中小学心理教师职业认同、组织支持感与工作投入的关系研究［J］．中小学心理健康教育，2022（16）：14-19.
［155］何朝敏．组织支持感对高校教师科研能力的影响研究——工作

投入的中介作用［D］. 南宁：广西大学，2022.
［156］张罗琦．组织支持感对高校教师知识共享的影响研究——以自我效能感为中介变量［D］. 南宁：广西大学，2022.
［157］王玲．民办高校组织气氛、教师自我效能感对教师职业倦怠的影响研究［D］. 成都：四川师范大学，2022.
［158］刘莉莉，周照林．校本教研参与对教师实践性知识的影响——组织支持感的中介作用及教师自我效能感的调节作用［J］. 教师教育研究，2022，34（2）：7-14.
［159］Allen T D. Family-supportive Work Environments：The Role of Organizational Perceptions［J］. Journal of Vocational Behavior，2001，58（3）.
［160］Ankita. Study of Impact of Gender on Organizational Climate of the Employees Working in IT & ITES［J］. Companies Across National Capital Region，2018，5（4）：31-43.
［161］Ashton P. Teacher efficacy：A motivational paradigm for effective teacher education［J］. Journal of Teacher Education，1984，19（5）：28-32.
［162］Ashton P. Motivation and the teacher's sense of efficacy［J］. 141-171.
［163］Bakker A. An Evidence-Based Model of Work Engagement［J］. Current Directions In Psychological Science，2011，20（4）：265-269.
［164］Bandura A. Self-efficacy：Toward a Unifying Theory of Behavioral Change［J］. Psychological Review，1977，84（3）：191-215.
［165］Bandura A. Social foundations of thought and action：A Social cognitive theory［M］. Englewood Cliffs，NJ：Prentice Hall，1986：99-102.

[166] Bandura A. Human agency in social cognitive theory [J]. American Psychologist, 1997, 44 (9): 1175-1184.

[167] Bandura A. Self-efficacy: the exercise of control [M]. New York: W H Freeman, 1997.

[168] Bandura A. Human agency in social cognitive theory [J]. American Psychologist, 1989, 44 (9): 1175.

[169] Beijaard D. Teachers' prior experiences and actual perceptions of professional identity [J]. Teachers & Teaching, 1995, 1 (2): 281-294.

[170] Bhanthumnavin D. Perceived social support from supervisor and group members' psychological and situational characteristics as predictors of subordinate performance in Thai work units [J]. Human Resource Development Quarterly, 2003, 14 (1): 79-97.

[171] Bock G W, Zmud R W, Kim Y G , et al. Behavioral Intention Formation in Knowledge Sharing: Examining the Roles of Extrinsic Motivators, Social-Psychological Forces, and Organizational Climate [J]. MIS Quarterly, 2005, 29 (1): 87-111.

[172] Britt Thomas W, Adler Amy B, Bartone Paul. Deriving benefits from stressful events: The role of engagement in meaningful work and hardiness [J]. Journal of Occupational Health Psychology, 2001, 6 (1): 53-63.

[173] Campbell J P , Psychology M G S I , Management M G S I , et al. Managerial behavior, performance, and effectiveness [J]. Professional Psychology, 1971, 2 (4): 414-416.

[174] Compbell J P, Dunnette M D, Lawler E E, et al. Managerial behavior, performance, and effectiveness [M]. New York: McGraw-Hill, 1970.

[175] Eisenberger R. Perceived organizational support [J]. Journal of Applied Psychology, 1986 (3): 500-507.

[176] Extremera N, Sánchez-García M, Durán M, et al. Examining the psychometric properties of the Utrecht work engagement scale in two Spanish multi-occupational samples [J]. International Journal of Selection and Assessment, 2012, 20 (1): 105-110.

[177] Forehand G A, Von Haller G. Environmental variation in studies of organizational behavior [J]. Psychological Bulletin, 1964, 62 (6): 361.

[178] G Balamurugan, B Santhiya. Cultural Diversity among the Employees and its Effect in Organizational Climate [J]. The Academy of Management Annals, 2020, 10 (1): 84-86.

[179] George Stern. Characteristics of Intellectual Climate in College Environments [J]. Harvard Eductional Review, 1963, 31: 11.

[180] Gibson S, Dembo, et al. Teacher efficacy: A construct validation [J]. Journal of Educational Psychology, 1984, 76 (4): 569-582.

[181] Glisson C, James L R. The cross-level effects of culture and climate in human service teams [J]. Journal of Organizational Behavior, 2002, 23 (6): 767-794.

[182] Halpin A W. Theory and research in administration [M]. New York: The Macmillan Company, 1966.

[183] Hoy W K, Clover S I R. Elementary school climate: A revision of the OCDQ [J]. Educational Administration Quarterly, 1986 (22): 93-110.

[184] Hoy K, Miskel C G. Educational administration: Theory, rescarch, and practice (3rd ed.) [M]. New York: Randomhouse, 1982.

[185] Hoy W K, Clover S I R. Elementary school climate: A revision of the OCDQ [J]. Educational Administration Quarterly, 1986, 22 (1): 93-110.

[186] James L A, James L R. Integrating work environment perceptions: Explorations into the measure ment of meaning [J]. Journal of Applied Psychology, 1989, 74: 739-751.

[187] Judge T A, Bono J E. Relationship of core self-evaluations traits—self-esteem, generalized self-efficacy, locus of control, and emotional stability—with job satisfaction and job performance: A meta-analysis [J]. Journal of Applied Psychology, 2001, 86 (1): 80-92.

[188] Kahn W A. Psychological conditions of personal engagement and disengagemental work [J]. The Academy of Management Journal, 1990, 33 (4): 692-724.

[189] Kanungo R N. Measurement of job and work involvement [J]. Journal of Applied Psychology, 1982, 67: 341-349.

[190] Kim H J, Shin K H, Swanger N. Burnout and engagement: A comparative analysis using the Big Five personality dimensions [J]. International Journal of Hospitality Management, 2009, 28: 96-104.

[191] Klassen R M, Yerdelen, Sündüs. Measuring Teacher Engagement: Development of the Engaged Teachers Scale (ETS) [J]. Frontline Learning Research, 2013, 1 (2): 33-52.

[192] Kottkamp P B, Mulhrn J A, Hoy W K. Secondary school climate: A revision of the OCDQ [J]. Educational Administration Quarterly, 1987, 23 (3): 31-48.

[193] Kraimer M L, Wayne S J. An Examination of Perceived Organiza-

tional Support as a Multidimensional Construct in the Context of an Expatriate Assignment [J]. Journal of Management, 2004, 30 (2): 209-237.

[194] Lewin K. The conceptual representation and the measurement of psychological forces [M]. Durham: Duke University Press, 1938.

[195] Litwin G H, Stringer Jr R A. Motivation and organizational climate [M]. Boston: Harvard University Press, 1968: 36.

[196] Llorens S, Schaufeli W, Bakker A, et al. Does a positive gain spiral of resources, efficacy beliefs and engagement exist? [J]. Computers in Human Behavior, 2007, 23 (1): 825-841.

[197] Lodahl T, Kejner M. The definition and measurement of job involvement [J]. Journal of Applied Psychology, 1965, 49: 24-33.

[198] Maslach C, Leiter M P. The Truth About Burnout [M]. San Francisco: Jossey-bass, 1997.

[199] Maslach C, Leiter M P. Burnout and engagement in the work-place: a contextual analysis [J]. Advances in Motivation and Achievement, 1999, 11: 275-302.

[200] Maslach C, Schaufeli W B, Leiter M P. Job burnout [J]. Annual Review of Psychology, 2001, 52: 397-422.

[201] May D R, Gilson R L, Harter L. The psychological conditions of meaningfulness, safety, and availability and the engagement of the human spirit at work [J]. Journal of Occupational and Organizational Psychology, 2004, 77 (1): 11-37.

[202] McMillin R. Customer Satisfaction and Organizational Support for Service Providers [D]. Doctoral Dissertation USA: University of Florida, 1997.

[203] Newman D, Harrison D. Been There, Bottled That: Are State and

Behavior Work Engagement New and Useful Construct "Wines"? [J]. Industrial & Organizational Psychology, 2008, 1 (1): 31-35.

[204] Newman F M, Rutter R A, Smith M S. Organizational factors that affect school sense of efficacy, community and expectations [J]. Sociology of Education, 1989 (62): 221-238.

[205] Paullay I M, Alliger G M, Stone-Romero E F. Construct Vallidation of Two Instruments Designed to measure job involvement and work centrality [J]. Journal of Applied Psychology, 1994 (79): 224-228.

[206] Rich B, Lepine J, Crawford E. Job Engagement: Antecedents and Effects on Job Performance [J]. Academy of Management Journal, 2010, 53 (3): 617-635.

[207] Rothbard NP. Enrichingor Depleting? The Dynamics of Engagementing Work and Family roles [J]. Administrative Science Quarterly, 2001, 46 (4): 655-684.

[208] Rotter, Julian B. Generalized expectancies for internal versus external control of reinforcement [J]. Psychol Monogr, 1966, 80 (1): 1-28.

[209] Saks A. Antecedents and consequences of employee engagement [J]. Journal of Managerial Psychology, 2006, 21 (7): 600-619.

[210] Sale S D, Hosek J. Job Involvement: Concepts and Measurement [J]. Academy of Management Journal, 1976 (19): 213-224.

[211] Schaufeli W B, Salanova M. The measurement of Engagement and Burnout: at Two Sample Confirmatory Factor Analytic Approach [J]. Journal of Happiness studies, 2002 (3): 71-92.

[212] Schaufeli W, Bakker A. Job demands, job resources, and their re-

lationship with burnout and engagement: a multi-sample study [J]. Journal of Organizational Behavior, 2004, 25 (3): 293-315.

[213] Schaufeli W, Bakker A , Salanova M. The Measurement of Work Engagement With a Short Questionnaire: A Cross-National Study [J]. Educational & Psychological Measurement, 2006, 66 (4): 701-716.

[214] Schaufeli W, Salanova M, Gonzɑ́lez-romɑ́ V, et al. The measurement of Engagement and Burnout: A Two Sample Confirmatory Factor Analytic Approach [J]. Journal of Happiness Studies, 2002, 3 (1): 71-92.

[215] Schaufeli WB, Salanova M, Gonazalez-RomaV. The Measurement of Engagement and Burnout: A Multi-sample Study [J]. Journal of Organizational Behavior, 2004, 25 (3): 293-315.

[216] Schneider B . Organizational climate: Individual preferences and organizational realitiesrevisited [J]. Journal of Applied Psychology, 1975, 60 (56): 211-217.

[217] Schwarzer R, Mueller J, Greenglass E. Assessment of general perceived self efficacy on the internet: data collection in cyberspace [J]. Anxiety, Stress, and Copying, 1999, 12 (3): 145-161.

[218] Schwarzer R, et al. The assessment of optimistic self beliefs: Comparison of the Chinese, Indonesian, Japanese, and Korean versions of the General Self Efficacy Scale [J]. Psychologia, 1997, 40: 1-13.

[219] Silver M H. Relationships Between Psychological Climate Perceptions and Work Out comes: A Meta-analytic Review [J]. Journal of Organizational Behavior, 1983, 24 (4): 389-416.

[220] Stern G G. People in Context: Measuring person-environment con-

gruence in education and industry [M]. New York: John Wiley and Sons, 1970.

[221] Steven P Brown, Thomas W Leigh. A New Look at Psychology Climate and Its Relationship to Job Involvement, Effort, and Performance [J]. Journal of Applied Psychology, 1996, 81 (4): 358-368, 526.

[222] Stringer Robert. Leadership and Organizational Climate: the Cloud Chamber Effect [M]. Upper Saddle River, NJ: Prentice Hall, 2002.

[223] Tagiuri R. The Concept of Organizational Climate [M]//Tagiuri R, Litwin G. Hed Organizational Climate: Exploration of a concept. Boston: Harvard University Press, 1968: 11-32.

[224] Tschannen-Moran M, Woolfolk Hoy A W. Teacher Efficacy: Capturing an Elusive Construct [J]. Teaching and Teacher Education, 2001 (17): 783-805.

[225] Tschannen-Moran M, Hoy A W, Hoy W K. Teacher efficacy: Its meaning and measure [J]. Review of Educational Research, 1998 (68): 202-248.

[226] Wallach E J. Individuals and organizations: the cultural match [J]. Training and Development Journal, 1983, 37 (2): 29-36.

[227] Willimans L J, Anderson S E Job. Satisfaction and organizational commitment as predictors of organizational citizenship and in-role behaviors [J]. Journal of Management, 1991 (3): 601-617.

[228] Witt L A. Exchange ideology as a moderator of job-attitudes-organizational citizenship behavior relationships [J]. Journal of Applied Social Psychology, 1991, 21: 1490-1501.

[229] 고광혁. 학교장의 서번트 지도성,교사효능감,학교조직몰입

및 학교조직 효과성 간의 관계 연구 [D]. 인하대학교, 2011.

[230] 김남희. 교사효능감과 학생의 학업적 자기효능감 및 성공적인 학교생활의 관계 [D]. 이 화여자대학교, 1999.

[231] 김대철, 정미란, 송병화. 패밀리 레스토랑의 고객불평이 종사원의 직무몰입과 직무성과 에 미치는 영향 [J]. 외식경영연구, 2008, 11 (1), 179-199.

[232] 김병규, 윤기웅, 제갈돈. 지방공무원 직무몰입의 효과분석: 직무스트레스, 직무만족 및 조직몰입에 미치는 영향 [J]. 한국행정논집, 2016, 28 (2), 141-170.

[233] 김아영, 차정은. 교사효능감과 측정 [J]. 산업 및 조직심리학회 추계학술발표대회, 1996.

[234] 김정식, 김현철. 리더의 코칭과 부하직원들의 성과 간의 관계에서 내재적 동기부여, 직 무만족 및 직무몰입의 영향 [J]. 大韓經營學會誌, 2012, 25 (2), 675-695.

[235] 김현정. 조직풍토에 따른 조직유효성에 관한 연구: 자기효능감 조절변수를 중심으로 [D]. 이화여자대학교, 2003.

[236] 남기민, 이세한. 조직풍토가 사회복지전담공무원의 조직몰입과 고객지향성에 미치는 영향: 임파워먼트와 직무만족의 매개효과를 중심으로 [J]. 한국사회복지행정학, 2011, 13 (3), 121-150.

[237] 박학서. 교장의 분산적 지도성이 교사효능감, 교사의 직무만족, 교사의 수업전문성에 미 치는 영향 분석-교사효능감의 매개효과를 중심으로 [D]. 중부대학교 대학원, 2017.

[238] 서대곤. 코칭리더십이 조직원의 직무몰입과 혁신행동에 미치는 영향 [D]. 한양대학교, 2011.

[239] 서재현. 심리적 조직분위기가 조직몰입과 조직후원인식에

미치는 영향에 관한 연구. 인적자원관리연구, 2008, 15 (2), 143-158.

[240] 안성철. 변혁적 리더십과 조직구성원의 직무성과 간의 관계에 대한 자기효능감과 직무 몰입의 매개효과에 관한 연구 [D]. 한양대학교, 2009.

[241] 양재영. 여행사 직원들의 여가만족이 직장만족과 조직후원 인식에 미치는 영향 [J]. 호텔경 영학연구, 2014, 23 (4), 147-161.

[242] 유명근, 박운용, 임병훈. 교육과 개인역량이 영업사원의 직무몰입에 미치는 영향에 관 한 연구 [J]. 기업경영연구, 2010, 17 (1), 103-123.

[243] 이경민. 학교장의 오센틱 리더십이 교사의 자기효능감과 조직몰입, 조직성과간의 구조 적 관계 연구 [D]. 경기대학교, 2019.

[244] 이명재. 조직풍토와 교사효능감의 관계 [D]. 연세대학교, 2008.

[245] 이태구. 조직풍토가 조직몰입에 미치는 효과에 관한 실증연구-직무 스트레스의 매개 효과와 LMX 의 질에 의한 조절효과를 중심으로 [D]. 暻園大學校, 2009.

[246] 이현정. 교사 효능감 척도개발을 위한 예비 연구-초등학교 교사를 중심으로 [D]. 이화여자 대학교, 1998.

[247] 주대진, 김진모. 농촌지도공무원의 직무몰입과 직무특성, 조직풍토, 역할모호성 및 전 문성의 인과적 관계 [J]. 농업교육과 인적자원개발, 2010, 42 (4), 27-51.

[248] 주동범, 박성찬. 학교 조직풍토가 교사의 직무스트레스에 미치는 영향- 부산지역 고등 학교를 중심으로 [J]. 한국자치행정학, 2013, 27 (3), 71-91.

[249] 정승언. 조직 직무몰입의 변별타당도와 인적서비스에 미치는 영향 [J]. 호텔경영학연구, 1997, 5 (2), 231-252.

[250] 차동옥, 김정식. 중간관리자의 임파워링 리더십과 직무몰입, 조직몰입, 조직시민행동 간의 관계 [J]. 조직과 인사관리연구, 2011, 35 (1), 171-198.

[251] 홍기운, 정희남. 관광호텔의 조직문화가 종사원의 조직충성도, 직무몰입, 이직의도에 미치는 영향 [J]. 관광연구저널, 2012, 26 (6), 447-464.

[252] 한용희 외. 병원간호사의 전문직업성, 직무몰입, 조직몰입과 이직 의도와의 관계 [J]. 임상간호연구, 2010, 16 (2), 17-31.

附录　调查问卷

尊敬的老师：

您好！非常感谢您在百忙之中抽出宝贵的时间来回答本次问卷。我是韩国中部大学教育学科教育行政专业的博士研究生，正在进行一项关于学校组织氛围、组织支持感、自我效能感和工作投入之间的构造关系的调查研究。完成整个问卷大约耗时 8 分钟。

本问卷的调查结果仅用于学术研究，不作其他用途，您宝贵的意见对于本研究至关重要，恳请您的配合与支持！对您的参与再次表示感谢！

第一部分　基本信息

1. 您的性别

男　　　　女

2. 您的年龄

20~30 岁　　　　31~40 岁　　　　41~50 岁

51~60 岁　　　　61 岁及以上

3. 您所在的高校为

教育部直属本科高校　　　　省属重点本科高校

省属普通本科高校　　　　民办本科高校

4. 您的教龄

5 年以下　　　　6~10 年　　　　11~20 年

21~30 年　　31 年以上

5. 您的最高学位

学士　　硕士　　博士

6. 您的工作性质

仅担任专任教师　　仅担任行政人员　　两者兼任

第二部分　问卷部分

1. 学校组织氛围相关题项

请您根据自己的实际感受和体会，对下面每一条描述与您的实际情况的符合程度进行评判（表 1）。

表 1　学校组织氛围

题号		题项	完全不符合	不太符合	一般	比较符合	非常符合
1	AA1	领导会主动关心校内教师需求并积极争取教师权益或福利	1	2	3	4	5
2	AA2	领导重视并确实推行各项会议中的决议	1	2	3	4	5
3	AA3	领导会公开称赞教师的表现	1	2	3	4	5
4	AA4	领导会给教师充分表达意见的机会	1	2	3	4	5
5	AB1	领导公开指责各部门的工作缺失	1	2	3	4	5
6	AB2	领导办事严格按照法令执行，缺乏变通性	1	2	3	4	5
7	AB3	领导做决定时不参考他人意见	1	2	3	4	5
8	AC3	教师乐于承担学校安排的工作	1	2	3	4	5
9	AC4	学校推动各项新措施时，教师大都表示支持且配合度很高	1	2	3	4	5

续表

题号		题项	完全不符合	不太符合	一般	比较符合	非常符合
10	AC5	在学校各项活动中，教师有一种把事情做好的共识	1	2	3	4	5
11	AD1	学校各部门之间工作缺乏沟通协调，阻碍行政和教学工作	1	2	3	4	5
12	AD2	教师参加会议时很少给予发言的机会	1	2	3	4	5
13	AI1	学校教师经常利用闲暇时间开展社交活动，以增进彼此之间的感情	1	2	3	4	5
14	AI3	教师之间经常互相分享家庭琐事和内心想法	1	2	3	4	5
15	AI4	教师之间来往密切，互相帮助	1	2	3	4	5

2. 组织支持感相关题项

请您根据自己的实际感受和体会，对下面每一条描述与您的实际情况的符合程度进行评判（表2）。

表2　组织支持感

题号		题项	完全不符合	不太符合	一般	比较符合	非常符合
1	BA1	学校为我提供了良好的工作条件	1	2	3	4	5
2	BA2	学校为我提供了公平的晋升机会	1	2	3	4	5
3	BA3	学校非常支持我参加与工作相关的培训或进修学习	1	2	3	4	5
4	BA4	当我在工作上遇到问题时，学校会给予帮助	1	2	3	4	5
5	BA5	学校愿意尽力帮助我发挥最大的工作潜能	1	2	3	4	5
6	BB1	如果我提出辞职，学校会挽留我	1	2	3	4	5
7	BB3	学校会适当为我工作中取得的成就而奖励我	1	2	3	4	5
8	BC1	学校会注意到我的不满情绪	1	2	3	4	5

续表

题号		题项	完全不符合	不太符合	一般	比较符合	非常符合
9	BC2	学校在做出对我有影响的决策时会考虑到我的利益	1	2	3	4	5
10	BC3	当学校财政充足时会考虑增加我的福利	1	2	3	4	5
11	BC4	学校会奖励我的额外劳动付出	1	2	3	4	5

3. 自我效能感相关题项

请您根据自己的实际感受和体会，对下面每一条描述与您的实际情况的符合程度进行评判（表3）。

表3　自我效能感

题号		题项	完全不符合	不太符合	一般	比较符合	非常符合
1	CA2	我能够接受学生的不满和意见	1	2	3	4	5
2	CA3	我能冷静地面对困难，因为我相信自己处理问题的能力	1	2	3	4	5
3	CA4	我经常鼓励学生，使他们相信自己有能力表现得更好	1	2	3	4	5
4	CB1	我可以根据学生的接受能力调整我的指导方式	1	2	3	4	5
5	CB2	我可以正确判断学生的个人努力	1	2	3	4	5
6	CB3	我可以把握学生们对自我学业的关心程度	1	2	3	4	5
7	CB4	我可以很好地把握工作中问题产生的原因	1	2	3	4	5
8	CC1	如果可以选择，我会偏向难度较大的工作	1	2	3	4	5
9	CC2	即使工作量大，我也想要做有意义的工作	1	2	3	4	5
10	CC3	面对困难的问题时我会感觉很具有挑战性	1	2	3	4	5
11	CC4	指导具有挑战性的大型活动时我会感觉很有意义	1	2	3	4	5

4. 工作投入相关题项

请您根据自己的实际感受和体会，对下面每一条描述与您的实际情况的符合程度进行评判（表4）。

表4　工作投入

题号		题项	完全不符合	不太符合	一般	比较符合	非常符合
1	DA2	我可以一次连续工作很长时间	1	2	3	4	5
2	DA3	工作时，即使感到精神疲劳，我也能够很快地恢复	1	2	3	4	5
3	DB1	我觉得我所从事的工作目的明确且很有意义	1	2	3	4	5
4	DB2	我对工作充满了热情	1	2	3	4	5
5	DB3	我在工作中会经常提出意见或建议	1	2	3	4	5
6	DB4	我愿意为我的工作付出最大的努力	1	2	3	4	5
7	DC1	在学校工作时，我总觉得时间过得很快	1	2	3	4	5
8	DC2	我在工作时会达到忘我的境界，不会受到周围环境的干扰	1	2	3	4	5
9	DC3	当我全身心投入工作时，我会感到快乐	1	2	3	4	5
10	DC4	我感觉到自己已离不开自己的工作	1	2	3	4	5